Carlo M. Martini

AUF DEM WEG NACH JERUSALEM

Carlo M. Martini

Auf dem Weg nach Jerusalem

Ziel unsterblicher Sehnsucht

VERLAG NEUE STADT
MÜNCHEN · ZÜRICH · WIEN

Titel der italienischen Originalausgabe: Carlo Maria Martini, Verso Gerusalemme,
© *2025 ITL srl a socio unico, via Antonio da Recanate 1 - 20124 Milano*
 Diritti per la lingua tedesca riservati a Neue Stadt.
Übertragung ins Deutsche: Johannes Beutler SJ

Der Autor: **Kardinal Carlo M. Martini** (1927–2012), Jesuit, Bibelwissenschaftler, Erzbischof von Mailand (1980–2002), war mehrere Jahre Präsident des Rates der Europäischen Bischofskonferenzen. Mit seiner offenen, stets an der biblischen Botschaft Maß nehmenden Verkündigung hat er Menschen über alle Grenzen hinweg angesprochen, nicht zuletzt junge Zuhörer/innen und Nichtglaubende. Seine im Verlag Neue Stadt erschienenen Werke haben eine Auflage von weit über 100.000 Exemplaren erreicht.

Der Übersetzer: **Johannes Beutler SJ**, em. Professor für Theologie des Neuen Testaments und Fundamentaltheologie, Lehrtätigkeit in Sankt Georgen/ Frankfurt, an der Päpstlichen Universität Gregoriana und am Päpstlichen Bibelinstitut in Rom. Er verstarb am 6.11.2024; die Übertragung des vorliegenden Buches ins Deutsche hatte er noch abschließen können.

Mehr Bäume – weniger CO_2. Weil jeder Beitrag zählt.

www.neuestadt.com/de/produktsicherheit.html
Verlag Neue Stadt GmbH, Münchener Straße 2,
D-85667 Oberpframmern
verlag@neuestadt.com · Tel. + 49 (0) 8093 2091

2025, 1. Auflage
© Alle Rechte der deutschsprachigen Ausgabe bei
 Verlag Neue Stadt GmbH, München
Umschlaggestaltung und Satz: Neue-Stadt-Grafik
Umschlagfoto: © Teresa Schmidt
Druck: CPI books GmbH, Leck
ISBN 978-3-7346-1355-5
www.neuestadt.com

Inhalt

Hinführung
Von Johannes Beutler SJ

Jerusalem – eine Stadt, die einen nicht unberührt lassen kann. Sie steht für die unstillbare Sehnsucht nach Frieden und konfrontiert mit einer so ganz anderen Realität. Über 20 Jahre sind vergangen, seit Carlo Maria Martini sein Amt als Erzbischof von Mailand niederlegte und dorthin aufbrach, wie es in diesem Buch beschrieben wird. Sein Wunsch, dort auch sein Leben zu beschließen, ging nicht in Erfüllung. Die fortschreitende Parkinson-Erkrankung ließ es ratsam erscheinen, Hilfe und Pflege in seiner italienischen Heimat zu suchen, und so kehrte der Kardinal im Laufe des Jahres 2008 nach Italien zurück. Er hielt noch einen Exerzitienkurs für Priester im Anschluss an den Römerbrief („Die Flügel der Freiheit", München 2021) und schrieb geistig klar, aber mit unsicher gewordenen Fingern das Büchlein „Der Bischof. Profil eines Amtes" (St. Ottilien 2020, beide Bücher von mir übersetzt). Die Jahre der ständig fortschreitenden Krankheit hat sein Pfleger und Freund Don Damiano Modena eindrucksvoll beschrieben (Carlo Maria Martini. Wenn das Wort verstummt, München 2014).

Zur Jahreswende 2007/8 hielten wir noch in Jerusalem ein Symposion zu Martinis Abschied von der Heiligen Stadt, auf seine Bitte zum Thema Fürbitte. Er wollte sich in der Stille ganz dem fürbittenden Gebet widmen, so wie Mose für die kämpfenden Israeliten bei der Amalekiterschlacht betete (Ex 17). Dabei blieb es freilich nicht, denn viele kamen nach Martinis Umzug nach Gallarate in der Lombardei zu ihm, auch Vertreter des öffentlichen Lebens, um sich mit ihm auszutauschen, und bis zuletzt meldete sich Martini auch in Kolumnen des *Corriere della Sera* zu Tagesfragen zu Wort. Er beschloss sein Leben umgeben von Verwandten, Freunden und Vertrauten am 31. August 2012 und fand seine Grabstätte im Dom seiner Bischofsstadt Mailand.

Jerusalem war für Martini nie einfach „die Heilige Stadt". Er wusste um die Spannungen, die in dieser Stadt immer wieder zutage traten zwischen Völkern und Religionen und auch innerhalb der Religionsgemeinschaften zwischen verschiedenen Richtungen und Strömungen. Er konnte nicht ahnen, mit welcher Schärfe sich solche Konflikte gerade in unseren Tagen steigern würden. Noch im Jahr 2008 kam es zu einem ersten militärischen Einsatz Israels auf dem Gazastreifen; das sollte sich mehrfach wiederholen bis zum Krieg seit dem Hamas-Massaker vom 7. Oktober 2023, der auch Spaltungen innerhalb der israelischen Gesellschaft offenlegte. Schon aus diesem Grund besitzt der vorliegende, auf das Jahr 2002 zurückgehende Band ungebrochene, vielleicht größere Aktualität denn je.

Martini sah sich innerhalb der Konflikte seiner Zeit wie Ijob (9,33) als einen, der in einem Konflikt die eine Hand auf die Schulter des einen der Kontrahenten legt und die andere auf die Schulter des anderen. So Martini in dem Abschnitt „Ein Schrei nach *Intercessio* (Fürbitte)" zu Beginn des vierten Hauptteils. Der Konflikt wird nicht dadurch gelöst, dass man der einen Seite Recht gibt und die andere verurteilt, sondern in der durchgehaltenen Bereitschaft, das Recht beider Seiten zu beachten und im Gebet zu unterstützen. Diese Haltung hat bis heute nichts von ihrer Aktualität verloren, ja sie ist vielleicht wichtiger denn je.

An dieser Stelle mein herzlicher Dank an alle, die den Band unterstützt haben, insbesondere an die Jesuiten, sowie an den Verlag Neue Stadt für die sorgfältige Betreuung des Manuskripts.

Johannes Beutler SJ

Aus dem Vorwort
zur Originalausgabe

Es kommt nicht alle Tage vor, dass jemand an einem bestimmten Punkt im Leben den Drang verspürt, nach Jerusalem zu ziehen, es als Wohnsitz für den Rest seines Lebens zu wählen und dort begraben zu werden … Carlo Maria Martini hat davon mit einer solchen Intensität gesprochen, dass es die unterschiedlichsten Menschen berührt hat, jenseits der religiösen und konfessionellen Grenzen, Christen wie Nicht-Christen. Fast könnte man meinen, die Worte des biblischen Psalms würden sich bewahrheiten, der Jerusalem als Heimat aller Völker bezeichnet: „Ja, über Zion wird man sagen: Ein jeder ist in ihr geboren" (87,5). Die Resonanz war beachtlich. So schien es sinnvoll, einige von Martinis Beiträgen, die die Koordinaten seines *Weges nach Jerusalem* am besten wiedergeben, in einer Publikation zu sammeln. Das *Jerusalem*, auf das er seine Schritte hinlenken wollte, ist das irdische und zeitgenössische *Jerusalem,* voller Geheimnisse und Widersprüche, zunehmend umkämpft und blutend, geprägt von gegensätzlichen Leidenschaften und zerrissen von gewalttätigen Konflikten. Es ist nicht einfach die Stadt der sogenannten heiligen Stätten, das Ziel frommer Reisen. Noch weniger ist es eine strategische Hauptstadt des Nahen Ostens, ein Objekt von kulturellem oder diplomatischem Interesse. Es ist auch nicht zu verwechseln mit dem neuen Jerusalem, das aus der Höhe herabsteigt, von dem das letzte biblische Buch, die Offenbarung, spricht: In der christlichen Sicht des Glaubens ist es sicherlich nicht davon getrennt, aber noch weniger von ihm ersetzt.

Reich an Geschichte und Prophezeiungen, an religiösen Symbolen und Kulten, ist es eine heilige Stadt für die drei monotheistischen Religionen. Es ist freilich weniger eine Stadt alter Mauern oder monumentaler Steine als eine Stadt lebendiger Menschen, Völker, Religionsgemeinschaften und Familien, die hart vom Leid geplagt und in der Hoffnung verwundet sind. Zu diesem Jerusalem und seiner komplexen und tragischen Realität wollte sich ein Kardinal aufmachen, der sich quasi seiner kirchlichen Insignien entledigt hatte.

Verso Gerusalemme – *auf dem Weg* nach Jerusalem: Die Präposition ist ein Muss. Vor allem, weil die innere Reise zu dieser Stadt einen weiten Bogen über die Jahre von Martinis Leben spannt, fast in einem „Crescendo", das seinen eigenen bischöflichen Dienst geprägt hat. Am Ende seines pastoralen Dienstes in Mailand begibt er sich dann aber nicht zuletzt in der Absicht nach Jerusalem, sich in aller Stille dem Gebet und der Fortsetzung seiner biblischen Studien zur Textkritik zu widmen, die er nach seiner Ernennung zum Bischof hatte unterbrechen müssen. Als Pilger begibt er sich dorthin, nicht als frommer Tourist …

Woher kommt die Kraft zu diesem Schritt, was ist die Motivation? Darauf soll in dieser Einleitung keine Antwort versucht werden. Wenn überhaupt, sollte sie den Lesenden überlassen werden … Auf die Frage: „Warum willst du nach Jerusalem?", antwortet er selbst: „Ich weiß es nicht." Aber in diesem Nichtwissen steckt das demütige und innige Bewusstsein, „vom Geist des Herrn innerlich bewegt zu sein". Es ist der Geist jenes Jesus von Nazaret, der nach dem Bericht des Lukasevangeliums zu Beginn seiner großen Reise nach Jerusalem fest entschlossen war: *firmavit faciem suam* … Martini lenkt den Blick auf das Antlitz Jesu, der mit großer Entschiedenheit nach Jerusalem hinaufsteigt. Auch die Kirche muss sich vom Geist leiten lassen und sich fragen, ob sie dem Herrn auf diesem Weg folgt …

Wer nach Jerusalem gehe, wolle Zeugnis geben von der Gnade Gottes im Wissen, dass der, der sein Leben verliert, es finden wird, sagte Martini in Ephesus, in einer seiner bedeutendsten Abschiedsreden an die Diözesangemeinschaft. Chronologisch gesehen ist diese Rede die letzte, doch hier wird sie als eine Art Einleitung zu diesem Band veröffentlicht.

Die anderen Beiträge, die von Elena Bolognesi gesammelt wurden, sind zu vier thematischen Einheiten zusammengefasst. Sie entstanden zu unterschiedlichen Anlässen und in verschiedenen Jahren (vgl. die detaillierten Quellennachweise unten auf S. 218f).

(1) Die erste Einheit stellt die Reise nach Jerusalem als *eine Pilgerreise zu den Wurzeln des Glaubens* dar. Die Wurzeln des christlichen Glaubens sind ja jüdisch, auch wenn das Christentum dies im Laufe der Jahrhunderte über weite Strecken vergessen hat.

(2) Die zweite Einheit spielt auf das unaussprechliche *Geheimnis Jerusalems zwischen Geschichte und Prophezeiung* an, ein Geheimnis, das durch die symbolische Sprache der Bibel, die im Laufe der Geschichte immer wieder neu gelesen wird, inhaltlich gefüllt wird.

(3) Martini hat sich weltweit als Protagonist für die *christlich-jüdischen Beziehungen* eingesetzt. So zeugt die dritte thematische Einheit von seiner Sensibilität und seinem Engagement, im christlichen Gewissen eine Haltung der Bekehrung und der Liebe zum jüdischen Volk, zu seiner Tradition und Kultur zu wecken.

(4) In der letzten Einheit wird schließlich die *Hoffnung auf Frieden* für Jerusalem und darüber hinaus zum Ausdruck gebracht, ein in der Christenheit im Laufe der Jahrhunderte oft vernachlässigtes bzw. vergessenes Thema.

Dahinter steckt die Überzeugung Carlo M. Martinis, dass es keinen Frieden auf der Welt geben werde, solange in Jerusalem kein Frieden herrscht. Sich dort für Gerechtigkeit und

Frieden einzusetzen, beinhaltete für ihn, sich für das Wohl der ganzen Menschheit einzusetzen. Es gibt ja kaum eine komplexere Situation in der Welt als die im Nahen Osten, kaum eine verworrenere Krise als die israelisch-palästinensische.

Möge die Publikation dieser Reflexionen Carlo M. Martinis dazu beitragen, sich trotz allem von seinem, von unserem, ja von jedermanns *Jerusalem* faszinieren zu lassen.

Carlo M. Martini
Auf dem Weg nach Jerusalem

An die Diözesangemeinschaft

Ich möchte meine mehr als 20 Jahre Dienst in Mailand in einem Wunsch zusammenfassen: „Möge eure Freude vollkommen sein!" Ein Wunsch, ein sehr einfaches Wort, aber eines, das eine gewisse Beklemmung verursacht: Vollkommene Freude scheint nicht angebracht, das es doch immer so viele Dinge gibt, über die man sich Sorgen machen muss, so viele verfehlte Situationen, Kriege, Leiden: Mit solchen berechtigten Gründen berauben wir uns selbst der vollkommenen Freude. Aber recht verstanden bedeutet „vollkommene Freude" nicht, den Schmerz über die Ungerechtigkeit und den Hunger in der Welt nicht zu teilen. Es ist eine tiefere Freude, zu der wir allzu leicht auf Distanz gehen, weil wir denken, dass sie nichts für uns ist, dass sie nicht zum Chor der Klagen unserer westlichen Gesellschaft passt. Wenn wir die Zeitungen aufschlagen, sehen wir, dass es jeden Tag eine Kontroverse, einen Konflikt, eine Schlägerei, einen Verdacht, eine Hintergrundgeschichte gibt, und so wird unsere Freude mit Traurigkeit durchtränkt, verdorben, als wäre sie faul.

In Wirklichkeit sollte die Freude vollkommen sein, und ich wünsche euch, dass ihr sie als eine Freude entdeckt, die sich nicht scheut, sich über ihre eigenen Leiden und die der anderen zu beugen, weil wir ihr Geheimnis entdeckt haben, nämlich das Wort des Lebens berührt zu haben, das jede Erfahrung von Leid, Krankheit, Armut, Ungerechtigkeit und Tod zu heilen vermag.

In den Ruinen von Ephesus können wir die Bedeutung des Briefes von Paulus besser verstehen, der an eine Gemeinde in einer reichen, opulenten Stadt geschickt wurde: Ephesus war geradezu überladen mit außergewöhnlichen Monumenten, eine heidnische Umgebung voller Grausamkeit und Aberglauben – man denke nur an den Kult der Göttin Artemis –, eine Stadt, in der sich das Heidentum als stark und unbesiegbar, glorreich und übermächtig zeigte. Die kleine christliche Gemeinde erschien da als eine unbedeutende Gruppe. Dennoch schreibt Paulus an sie und präsentiert in seinem Brief eine große Vision von Gottes Plan für die Welt, eine kosmische Sicht auf die Zukunft der Menschheit. Er spricht von einer Entfaltung der Geschichte, die ihren Mittelpunkt in Christus hat und die sich über alle menschlichen Widerstände hinweg als siegreich erweisen wird: Es ist der Plan, alles in Christus zu vereinen, zu „rekapitulieren".

Beim Hören dieses Abschnitts stellen sich zwei Fragen:

– Sind wir uns bewusst, welches Privileg es ist, den liebevollen Plan des Vaters zu kennen, der uns in Christus „erwählt hat vor der Grundlegung der Welt" und uns „aus Liebe im Voraus dazu bestimmt hat, seine Kinder zu werden durch Jesus Christus" (Eph 1,4f)? Wie leben wir dieses Bewusstsein, auserwählt und geliebt zu sein?

– Wie sehen wir die Welt angesichts dieser so positiven, grandiosen Vision der gesamten Geschichte? Ist es eine von Klagen, Ängsten, Schuldzuweisungen, erdrückenden, düsteren Prognosen geprägte Sicht? Oder eine positive Sicht, in der wir das Geheimnis Gottes zu lesen wissen, der sich in der Stille und im Verborgenen als siegreich offenbart?

In mancher Hinsicht mag unserem Glauben weniger abverlangt sein als der kleinen Gemeinde von Ephesus, die von Reichtum, Heidentum, den Manifestationen der römischen Macht und der heidnischen Weisheit erdrückt wurde. Wir haben inzwischen zweitausend Jahre christliche Geschichte hinter uns. Doch auch von uns ist jenes kleine bisschen Glaube verlangt, so klein wie ein Senfkorn, das Berge versetzen kann!

Wir stellen uns diese Fragen an einem Ort, an dem wir sehen können, dass nicht nur eine stolze heidnische Zivilisation in den Ruin gestürzt ist, sondern auch eine christliche Zivilisation, die im Laufe der Jahrhunderte große und außergewöhnliche Werke wie die Basilika des heiligen Johannes und die Basilika, in der das Konzil von 431 stattfand, hervorgebracht hat. Ich möchte eine Prophezeiung eines großen Mystikers des letzten Jahrhunderts zitieren, Louis Massignon. Als Gelehrter des Islam und profunder Kenner der Evangelien sagte er in Bezug auf Ephesus, es müsse „für alle christlichen und muslimischen Gruppen der Ort der Versöhnung in unserer Mutter Maria werden", in der Hoffnung auf eine in Zion zusammenkommende, vereinte Menschheit. Für diese Gemeinschaft der Völker und Herzen beten wir inständig.

In der Apostelgeschichte gibt es eine bewegende Seite (Apg 20,17-38), die den Bericht über die Erlebnisse von Paulus in Asien abschließt. Es ist eine Seite des Abschieds, des Lebewohls, der letzten Empfehlungen. Zweitausend Jahre später spüren wir die Kraft der Worte des Paulus.

Sie enthalten einige Verweise auf die *Vergangenheit:* „Ihr wisst, wie ich mich euch gegenüber verhalten habe, seit dem ersten Tag, als ich in Asien ankam, und die ganze Zeit …" Paulus kann mit gutem Gewissen behaupten, dass er dem Herrn in aller Demut gedient hat, dass er sich nie vor etwas gedrückt hat, das nützlich sein könnte. Wir hören dieses Wort als Einladung zu einer Gewissensprüfung. Ich persönlich kann die Worte des Apostels nicht mit solcher Gewissheit wiederholen; denn ich sehe meine Schwächen und Unzulänglichkeit. So vertraue ich auf den barmherzigen Herrn, dem sich auch Paulus anvertraut hat, denn durch sein Blut hat er uns erlöst … Mit Paulus blicke ich somit auf meine zweiundzwanzig Jahre bischöflichen Dienstes mit einem Gefühl der Demut, des Vertrauens auf Gott und der Dankbarkeit ihm und euch gegenüber zurück.

Nach dem Blick auf die Vergangenheit spricht Paulus von der *Gegenwart*, und seine Worte scheinen sehr passend für mich: „Und nun gehe ich, vom Geist ergriffen, nach Jerusalem, nicht wissend, was dort mit mir geschehen wird." Ich wurde in den letzten Monaten oft gefragt: „Warum willst du nach Jerusalem, wenn du deinen Dienst in Mailand beendet hast?" Und ich antwortete: „Ich weiß es nicht."

Ich bin „vom Geist ergriffen", wie Paulus sagt, innerlich bewegt vom Geist des Herrn. Ich gehe, ohne zu wissen, was dort mit mir geschieht. Niemand weiß, was in Jerusalem passieren wird, wo so viele schmerzhafte und herzzerreißende Dinge geschehen.

Paulus spricht von Drangsalen, von Ketten, aber es gibt Schlimmeres im heutigen Jerusalem, einem Ort von Dramen, von Blut und Grauen. Erst vor wenigen Stunden kam die Nachricht, dass rund zwanzig junge Studierende bei einem Terroranschlag auf einen Bus getötet wurden. Vielleicht drängt uns der Geist deshalb dorthin, um das Schicksal der Menschen dort zu teilen, um mit ihnen und für sie zu beten.

Wie Paulus weiter sagt: „Ich aber halte mein Leben für nichts wert, vorausgesetzt, dass ich meinen Lauf vollende und den Dienst, den mir der Herr Jesus anvertraut hat, um die Botschaft der Gnade Gottes zu bezeugen." Wer nach Jerusalem geht, überlegt nicht, was passieren könnte, sondern er will das Rennen laufen und Zeugnis von der Gnade Gottes ablegen im Wissen, dass derjenige, der sein Leben verliert, es finden wird. Er verlässt sich auf die Worte Jesu im Evangelium.

Nachdem Paulus von sich und seiner bevorstehenden Reise nach Jerusalem gesprochen hat, erwähnt er die *Zukunft* und spricht von Leiden: „Ich weiß, dass ihr mein Gesicht nicht mehr sehen werdet, ihr alle, unter denen ich umherge-

Carlo M. Martini, Auf dem Weg nach Jerusalem

zogen bin, um das Reich Gottes zu verkünden." Wir nehmen die tiefe Sehnsucht, das ganze Leid und den Schmerz wahr, die in diesen Worten zum Ausdruck kommen und an die sich noch ein neues Bekenntnis zu Unschuld und Treue anschließt. Die Worte, die wir da hören, können wir uns zu eigen machen, weil der Herr sie uns leben und im Glauben durchdringen lässt. Im Glauben sind wir vereint und werden es immer sein.

Ich möchte einige Ermahnungen des Apostels besonders an die Priester richten: Wacht über euch selbst und über die ganze Herde, in deren Mitte euch der Heilige Geist gestellt hat, um die Kirche Gottes als Bischöfe zu hüten, als Hirten, als diejenigen, die die verschiedenen Situationen der Kirche von oben betrachten und sie leiten sollen. Bleibt wach!

Dann spricht Paulus ein abschließendes Gebet, das vielleicht der wichtigste Teil des Abschnitts ist: „Ich empfehle euch dem Herrn und dem Wort seiner Gnade, das die Kraft hat, aufzuerbauen und das Erbe allen zu verleihen, die geheiligt sind."

Es wäre naheliegend, dass Paulus, der sich so sehr um das Wort des Herrn bemüht hat, das Wort den Presbytern anvertrauen und ihnen sagen würde: „Ich vertraue euch das Wort Gottes an, das mir so teuer war, bewahrt es, wiederholt es, lehrt es eure Kinder, lasst es in euren Versammlungen erklingen!" Stattdessen sagt er umgekehrt: „Ich vertraue euch dem Wort an!" Er sagt ihnen gewissermaßen: Ihr sollt wissen: Das Wort ist mächtig, es hat uns geschaffen, es ruft uns, es formt uns, es leitet uns jeden Tag. Deshalb vertraue ich euch dem Herrn an, dem Wort seiner Gnade und seiner Macht. Ich vertraue ihm alle Generationen an, vor allem die Kinder und Jugendlichen, alle entstehenden Berufungen, alle Herzen, in denen der Herr im Stillen spricht und die er zur Hingabe ihrer selbst aufruft. Ich vertraue Gott alle Anliegen der Kranken, der Leidenden, der Verwandten, Freunde, Kinder, eurer Brüder und Schwestern und eurer Eltern an, die ihr in diesem Moment in euren Herzen tragt.

Und schließlich lasst uns daran denken, dass Paulus uns ermahnt, den Schwachen zu helfen, uns um die zu kümmern, die mehr leiden als wir, die in größeren Schwierigkeiten sind: Nur so wird das Gebot der Nächstenliebe erfüllt.

Erinnern wir uns daran, dies immer frei und freudig zu tun, wie Jesus sagt – es ist eines seiner schönsten Worte, das von Paulus und nicht von den Evangelien überliefert wurde: „Geben ist seliger als nehmen!" Vollkommene Freude erlebt man beim Geben noch mehr als beim Nehmen.

Es ist diese Freude, die wir in diesen zweiundzwanzig Jahren[1] in der Gnade des Geistes einander schenken konnten. So viel habt ihr mir gegeben, und ich habe versucht, euch möglichst viel zu geben, auch wenn es weit weniger ist, als ich erhalten habe. Wir alle hatten Freude am Geben und Nehmen.

Es ist eine Freude, die uns nie genommen werden kann, denn sie ist ein Vorgeschmack auf das ewige Leben. So können wir für uns beten, für das Leid in der Welt, für Jerusalem, für den Frieden zwischen dem jüdischen und dem palästinensischen Volk, für den Frieden zwischen allen Völkern, die sich im Konflikt befinden oder von einem Konflikt bedroht sind.

Wir können mit der Gewissheit beten, dass Maria unser Gebet in den Himmel trägt. Sie, die hier, auf dem Konzil von Ephesus, zur „Mutter Gottes" erhoben wurde, wacht noch immer über uns, sie „sammelt" unsere Gebete und bringt sie dem Vater dar.

Ephesus, 18. Juni 2002
Carlo Maria Martini

---

1   Er bezieht sich auf seine Zeit als Erzbischof von Mailand (1979–2002).

I

Pilger zu den Wurzeln des Glaubens

Von Ur nach Jerusalem: Mühen und Freuden eines Bischofs auf dem Weg in die Stadt

Was sind die Freuden und Mühen eines Bischofs in der Großstadt? Wie erlebt er die Flüche und Segnungen der Metropole? Wenn die Antwort nicht episodisch oder rein biografisch oder anekdotisch sein soll, ist zu beachten, was diese Frage für einen Christen, für einen Gläubigen impliziert; denn sie ist mit vielen Dingen verbunden, die ich zumindest anreißen möchte.

Die Angst in der modernen Stadt

Die Stadt hat mich in ihren Mechanismen und Rhythmen nie erschreckt, und in diesem Sinne spüre ich auch jetzt keine Angst. Ich wurde in der Stadt geboren, und als Kind war für mich die Stadt eine selbstverständliche, primäre Gegebenheit – ein bisschen wie die Eltern oder der ältere Bruder für ein Kind eine selbstverständliche Gegebenheit sind. Es denkt nicht einmal daran, dass es anders sein könnte. Da war also die Stadt mit ihrem Lärm, ihrem Verkehr und ihren engen Räumen. Ich habe das nicht einmal als störend empfunden. Für mich war das Rattern der Straßenbahnen so natürlich wie das Vogelgezwitscher für ein Kind vom Land. Die Räume erschienen mir unermesslich groß: Der Hausflur war so groß wie eine Kathedrale, der kleine Garten, in dem wir spielten, kam mir vor wie ein Nationalpark, ein kleiner Hof mit ein paar Bäumen zwischen den Häusern wie ein riesiger Wald. Das Kind findet alles natürlich und groß, alles irgendwie schön, weil es das alles mit seinen Träumen vergrößert. Sieht man nicht manchmal Kinder in den Vorstädten von Kinshasa oder in den Favelas von São Paulo, die ein paar Räder an einem Stück Holz befestigen und sich in ihrer Fantasie in einem Mercedes glauben und glücklich sind?

Die Angst habe ich erst viel später gespürt, vor allem als Bischof in Mailand; an einige Momente erinnere ich mich noch sehr genau. Eines Abends fuhr ich zum Beispiel von irgendeinem Treffen zurück. Ich war wahrscheinlich ein bisschen müde und deshalb anfällig für jene schlechte Stimmung, in die wir nach anstrengenden Verpflichtungen geraten, ohne es zu merken. Wir lassen uns ein bisschen gehen, der Geist entspannt sich, und plötzlich tauchen irgendwelche Schatten auf. So saß ich im Auto und sah die Häuser auf mich zukommen, eines nach dem anderen, und in den Häusern die Wohnungen voller Menschen, die man hinter den Vorhängen, hinter den Fensterlichtern erahnen konnte. Und in jedem Haus waren so viele Lasten zu tragen: Streit, Enttäuschungen, Probleme, Krankheiten, Todesfälle. All das gab mir ein Gefühl der Schwere, ich fühlte mich schier erdrückt von der Vielzahl der Wohnblocks, der Menschen, der Nöte; ich spürte, wie der Schmerz über die Opfer des Terrorismus wieder in mir aufstieg, der Schmerz über all die Opfer von Verbrechen und Drogen, über die Verzweifelten, über alle Lebensmüden in jener Nacht … Ich spürte diese unerträgliche Last, ohne eine Ordnung, ohne einen Sinn, ohne eine Möglichkeit, diese Flut von Problemen zu tragen mit meinen schwachen Händen. Ein Gefühl der Ohnmacht übermannte mich, mir war, als würde ich von einem übergroßen, übermäßigen Gewicht überwältigt und erdrückt, das mich zum Gespött machte.

I – Pilger zu den Wurzeln des Glaubens

Angst wird oft nicht im Angesicht einer Gefahr oder in Not-lagen empfunden, selbst wenn es sich um konkrete ernste Notfälle handelt. Die Angst ergreift dich und überrascht dich, wenn du mit der Stadt nicht in ihren einzelnen Elemen-ten konfrontiert wirst, die du einzeln in den Blick nimmst, um sie effizient anzugehen, sondern sozusagen mit der Stadt als Ganzem, der Stadt, wie sie ist, massiv, ungreifbar … Man fühlt sich dann – zumindest ich damals – beschwert, atemlos, als ob man von etwas erdrückt wird, das so viel größer ist als man selbst.

Ich glaube, dass auch der heilige Ambrosius eine ähnliche Angst verspürte, als er, so die Legende, durch die Lande in Richtung Novara floh, nachdem man ihn zum Bischof hatte machen wollen. Viele andere Bischöfe haben die gleiche Angst verspürt, so sehr, dass das Thema „Flucht vor der bi-schöflichen Verantwortung" in der hagiografischen Literatur fast schon ein Gemeinplatz ist.

Mir scheint, dass diese Angst schwer zu überwinden ist, denn sie ist wie die Summe der Flüche der Stadt: die Angst vor der Stadt als einer großen anonymen Maschine, deren Schlüssel wir verloren haben, die Angst vor etwas Unbere-chenbarem, das, wie schon die Kundschafter im Alten Testa-ment sagten, die Kanaan, das Land Palästina erkunden soll-ten: Es verschlinge seine Bewohner, dürfe auf keinen Fall angegriffen oder angekratzt werden … (vgl. Num 13f); alles, was getan oder gesagt werde, seien bestenfalls fromme Wün-sche, schöne Worte, heilige Absichten und sonst nichts.

Es ist die Angst, dass alles bleibt, wie es ist, dass nichts zu machen ist, eine Angst, die auch Frustration und Ohnmacht genannt wird und Einsamkeit und Wut erzeugt.

Ich glaube, das erste, was man ehrlich tun sollte, ist anzu-erkennen, dass diese Angst existiert. Wer objektiv auf die Fülle der Probleme der Menschen blickt, spürt, dass sie über die menschlichen Kräfte hinausgehen. Nur wer sich etwas vormacht oder seinen Aktionsradius auf ein begrenztes Segment, auf ein partielles oder bloß mittelfristiges Ziel beschränkt, wird sich anmaßen zu behaupten, effektiv zu agieren, um den Koloss „Metropole" zu beherrschen. In Wirklichkeit bewegt sich der Koloss eigenständig weiter, nach eigenen unbarmherzigen, offenbar unüberwindbaren Gesetzen.

Die Angst in biblischen Städten

Ich denke, dass diese Angst auch die der biblischen Autoren war, wenn sie ausgerechnet Kain die Gründung der ersten Stadt zuschreiben (Gen 4,17), die ja der Verteidigung gegen drohende Rache dienen sollte. Da erklingt der Schrei von Kains Urenkel Lamech: „Einen Mann erschlage ich für meine Wunde und ein Kind für meine Strieme. Wird Kain siebenfach gerächt, dann Lamech siebenundsiebzigfach" (Gen 4,23f). Die Städte, angefangen bei der ersten, sind demnach auf Furcht gegründet, und zu ihrer Verteidigung machen sie Angst und beeindrucken durch die Höhe ihrer Mauern und die Stärke ihrer Garnisonen.

Zu den gewalttätigen Zügen der ersten Stadt gesellt sich in der Bibel der Stolz der zweiten Stadt, Babel (Gen 11,1-9), die sich perfekt organisieren will und sogar Gott einen genauen Platz über dem „Zikkurat" zuweist, dem Turm, von dem aus man die großen Bewässerungskanäle bewachen und beschützen und Sicherheit bieten kann. Aber es ist eine Präzision, die den Primat echter Beziehungen vergisst und die erste katastrophale Verwirrung schafft, eine bürokratische Lähmung und das erste organisatorische Chaos der Geschichte.

Eine dritte erschreckende Stadt ist Sodom (Gen 19), in der die Sünde der Ungastlichkeit, die Ausbeutung des vorbeiziehenden Fremden, besonders auffällt. Wie aktuell ist die Geschichte von Lot und seinen Gästen!

Eine vierte in der Bibel erwähnte Stadt ist Jericho, dessen Mauern zerstört werden und das mit dem Bann belegt wird; wer es wieder aufbaue, dessen Erstgeborener und dessen Jüngster sollten getötet werden (Jos 6).

Die nachfolgenden biblischen Städte, bis hin zu Tyrus, Sidon, Ninive, Babylon und dem Babylon der Offenbarung, sind – in verschiedenen Mischungen – nur die Fortsetzung der angerissenen Elemente.

Der Weg des Friedens für die Stadt

Doch es gibt noch eine andere Geschichte der Stadt in der Heiligen Schrift, die es mir bis jetzt ermöglicht hat, inmitten der Flüche, des Leids, der Mühen und der Lasten der Stadt mit Hoffnung zu leben. Ich sehe diese andere Geschichte in der Passage aus dem Hebräerbrief zusammengefasst, in der von Abraham die Rede ist, der seine Stadt (Ur der Chaldäer bzw. Harran) verlässt, um an einen unbekannten Ort zu ziehen: „Er zog weg, ohne zu wissen, wohin er kommen würde … Er erwartete die Stadt mit den festen Grundmauern, die Gott selbst geplant und gebaut hat" (Hebr 11,8.10). Der Verfasser des Briefes nennt die Patriarchen „Fremde und Gäste auf Erden" und kommentiert: „Denn die, die solches sagen, geben zu erkennen, dass sie eine Heimat suchen. Hätten sie dabei an die Heimat gedacht, aus der sie weggezogen waren, so wäre ihnen Zeit geblieben zurückzukehren; nun aber streben sie nach einer besseren Heimat, nämlich der himmlischen. Darum schämt sich Gott ihrer nicht; er schämt sich nicht, ihr Gott genannt zu werden, denn er hat ihnen eine Stadt bereitet" (Hebr 11,13-16). Manche mögen denken, dass dies ein Davonlaufen vor konkreten Problemen wäre, ein Sich-Flüchten in himmlische Lösungen. Aber darum geht es nicht. Abraham etwa war einer, der mit beiden Beinen auf dem Boden stand, große Herden weidete und „sehr reich war an Vieh, Silber und

Gold" (Gen 13,2). Er war keineswegs weltfremd, sondern vertraut mit den Problemen dieser Welt; er ist das lebendige Symbol für die Liebe zur irdischen Realität, zur „Stadt". Diese Liebe erwächst aus der tiefen Überzeugung, dass die Stadt nicht nur für etwas in der Vergangenheit Gewordenes steht, dass sie mehr ist als die jetzige, auf deren Boden ich stehe und deren verschmutzte Luft ich atme, sondern dass sie zugleich vor mir liegt als etwas, an dem zu bauen meine Aufgabe ist, etwas, dem ich mit Hoffnung entgegensehe, weil es größer ist als meine eigenen Entwürfe.

Ausgehend von Abrahams Auszug aus seiner Stadt entsteht in der Bibel eine nach vorne drängende Dynamik, die im Gegensatz zu der Stadt Kains, zu Babel, Sodom und Jericho steht und in der sich eine andere Stadt abzeichnet: Jerusalem.

Abrahams Auszug aus Ur hin zu einer geheimnisvollen, unbekannten Stadt, die erst noch gebaut werden muss, steht für das „Prinzip der Neuheit", ein wirkmächtiges Prinzip, das darauf zielt, die Stadt des Menschen weniger unwirtlich, weniger widersprüchlich zu machen, und das die Gestalt Jerusalems als Stadt messianischer Träume annimmt: jenes Jerusalem, das in der Apokalypse als die „Stadt-Braut" gefeiert wird, als Wohnung Gottes bei den Menschen, in der jede Träne abgewischt wird, in der „weder Tod noch Trauer noch Klage noch Mühsal sein werden; denn das Frühere ist vergangen" (Offb 21,4).

Anhand dieses Textes, der den großen christlichen Propheten des zweiten Jahrtausends, von Joachim von Fiore bis Giorgio La Pira, so wichtig war, wird das von Harvey Cox formulierte biblische Prinzip deutlich, wonach sich die menschliche Geschichte auf eine Stadt zubewegt. Tatsächlich wird in dem Text die menschliche „Reise" nicht als Weg zu einem Paradies (im ursprünglichen Sinne von „Garten", „Lustgarten") beschrieben; das Ziel ist weder ein Garten noch das Land, so fruchtbar und attraktiv es auch sein mag, sondern – die Stadt! In der Offenbarung wird sie beschrieben als eine Stadt mit zwölf Toren, zwölftausend Stadien lang und breit (mehr als zweitausend Kilometer), d. h. eine Stadt, in der alle Völker der Erde zu wohnen berufen sind.

Sie ist hell wie Kristall, sodass „die Völker in ihrem Licht einhergehen und die Könige der Erde ihre Pracht in die Stadt bringen, ihre Tore werden den ganzen Tag nicht geschlossen. Nacht wird es dort nicht mehr geben" (Offb 21,24f). Eine ideale Stadt also, strahlend, leuchtend, einladend, offen, fähig zur Gastfreundschaft, in der der tausendjährige Traum der Menschheit endlich verwirklicht wird: *Schalom*, Frieden.

Auch wenn es eine Stadt ist, so hat sie doch auch den Duft des Gartens und des Landes mit Fluss, Bäumen und Früchten: „Zwischen der Straße der Stadt und dem Strom, hüben und drüben, steht ein Baum des Lebens. Zwölfmal trägt er Früchte, jeden Monat gibt er seine Frucht; und die Blätter des Baumes dienen zur Heilung der Völker" (Offb 22,2).

Die ideale Stadt, das Ziel der menschlichen Reise, hat in sich das Beste des ursprünglichen Paradieses, fließendes Wasser und den Baum des Lebens – und doch ist sie eine Stadt, ein Ort, an dem die Menschen in Harmonie leben, in einem Netz vielfältiger, konstruktiver Beziehungen.

Es ist eine Vision, die utopisch und abstrakt erscheinen mag. Mehr aber ist es eine Mahnung, die uns an die Stadt bindet. Unser Weg, unser Ideal ist nicht ein Wochenendausflug in die saubere Luft der Berge und des Landes, in die Einsamkeit und Stille, sondern er führt in den Trubel der Menschen, die sich zu einem großen Fest versammeln.

Das Gegenstück zur biblischen Stadt ist übrigens nicht das Land, sondern die Wüste, die alles verschlingt und zerstört. Wenn ich das, was ich bisher in mir mehr vertrauten biblischen Bildern zu sagen versucht habe, weltlich ausdrücken wollte, würde ich sagen, es geht um das Ideal einer Stadt verantwortungsvoller und wechselseitiger menschlicher Beziehungen, die eine ethische Verpflichtung sind. Es geht um die Stadt als unerschöpfliche Fundgrube von Möglichkeiten, authentische Beziehungen zu knüpfen durch konstruktive, positive Gesten, besonders durch Gesten der Akzeptanz, der Gastfreundschaft, der Versöhnung und Vergebung.

Auf diese Weise wird das, was in Babel, Sodom und Jericho gärt (Städte, die innerhalb der Mauern Jerusalems fortleben!), beständig bekämpft und in seiner gewalttätigen Dynamik zurückgedrängt. Der Primat der Vision Jerusalems als Stadt des *Schalom* will unaufhörlich bekräftigt und jeden Tag aufs Neue bestätigt werden.

Es ist ein schwieriger, stets gefährdeter *Schalom*, dem die Fakten oft widersprechen: Jerusalem erscheint nicht als die Stadt, die bereits ein Ideal erreicht hat, nach dem alle streben sollten, sondern geradezu als der Ort, an dem diesem Ideal am meisten widersprochen wird. Doch gerade weil Jerusalem das schwierigste Terrain ist, ist die Hartnäckigkeit der Hoffnung, die mit Jerusalem verbunden ist und die dort lebt, Zeichen und Ansporn für jede andere von Konflikten und Feindschaften bedrohte Stadt.

Die Stadt ist also kein Ort, in dem man wegen der dortigen Spannungen möglichst nicht oder möglichst wenig leben sollte, sondern *ein Ort, an dem man lernen kann zu leben.* Die ganze Geschichte des biblischen Jerusalems ist eine Geschichte des Konflikts zwischen der Wüste, die die Stadt bedroht, und dem Ideal des Friedens, das sie seit dreitausend Jahren bewegt und aufrechterhält, sodass sie nicht müde wird, auch inmitten all der Widersprüche, die die Unmöglichkeit des Friedens zu zeigen scheinen, den *Schalom* zu suchen.

Wie könnte eine Stadt aussehen, die den Weg von Ur nach Jerusalem an der Seite Abrahams mitgeht? Was könnten Räume für das Wirken des Geistes sein, der dem schlechten Sauerteig von Babylon, Sodom und Jericho entgegenwirkt und zu dem Jerusalem hinführt, auf das wir hoffen? Es sind Räume unterschiedlicher Art:

In erster Linie sind es Räume der Stille, selbst im Zentrum der Stadt. Der Mailänder Dom etwa ist in diesem Sinne ein Symbol: Er wurde als Ikone des himmlischen Jerusalem gebaut, aber seine Säulen sind tief in der Erde verankert, als eine immerwährende Einladung, das Herz und den Geist nach oben zu erheben, ohne die Erdung zu verlieren. Wir brauchen viele Orte wie den Dom, Orte, die zum Schweigen, Nachdenken und Zuhören einladen.

Sodann brauchen wir Räume für den Dialog: Plätze, die *Agora*, wo Menschen zusammenkommen können, um einander zu verstehen und die intellektuellen und sittlichen Gaben auszutauschen, an denen es niemandem mangelt.

Drittens muss es Wege geben, die im wahrsten Sinne des Wortes begehbar sind: all jene Beziehungsnetze, aus denen Freundschaft und Gastfreundschaft erwachsen und die, wenn sie echt und tief sind, Menschen unterschiedlicher Kulturen, Herkunft und Religionen erreichen. Mir fällt auf, dass schon die Antike für diesen Aspekt sensibilisiert war, wenn sie die Stadt vor allem als Ort der Freundschaft definierte. Platon betonte, dass Freundschaft und Eintracht (*homonoia*) gleichermaßen wichtig sind, um die Stadt gedeihen zu lassen. Und Aristoteles wagte zu sagen: „Wenn man ein Freund ist, braucht man gar keine Gerechtigkeit, während man selbst wenn man gerecht ist, Freundschaft braucht; der Gipfel der Gerechtigkeit scheint zur Natur der Freundschaft zu gehören."[2] Das zeigt, dass es *nicht* genügt, die Beziehungen in einer Stadt allein auf der Grundlage der Gerechtigkeit (einer der höchsten Tugenden) wiederherzustellen, denn es braucht das Fundament menschlicher Harmonie, das allen nachfolgenden Bemühungen, zusammenzustehen und jedem das Seine zu geben, zugrunde liegt und sie trägt.

Ein vierter Aspekt sind die „Fürsprache" (das Einstehen, das Eintreten für andere) und die Gastfreundschaft. Ich ver-

---

2   *Nikomachische Ethik* VIII, 1, 1155a.

binde diese beiden Wirklichkeiten so, wie sie in der Episode von Abraham verbunden sind, der die drei geheimnisvollen Pilger vor seinem Zelt empfängt und bei ihnen – eigentlich bei Gott – Fürsprache einlegt, dass Sodom gerettet werde (vgl. Gen 18f). Da verbindet sich das Gebet für Sodom (das zeigt, wie sehr eine verloren geglaubte Stadt geliebt werden soll) mit der Fähigkeit, Fremde aufzunehmen (in denen dann Gott selbst beherbergt wird). Die Gastfreundschaft gegenüber Gott und die gegenüber dem Fremden sind in der ganzen Heiligen Schrift auf geheimnisvolle Weise miteinander verbunden. In der Gastfreundschaft nimmt die freundschaftliche Fürsprache für jedes Volk dieser Erde bei Gott Gestalt an. Die Gastfreundschaft gegenüber dem Fremden und der Einsatz für den Frieden in der Welt gehören zusammen.

Auf all diese und andere Weisen können wir nicht eine ideale Stadt schaffen, aber so sind wir *auf dem Weg* in die Richtung einer Stadt, die es noch nicht gibt. Unter bzw. hinter Babel erblicken wir jenes Jerusalem, das anfanghaft schon unter uns ist, wofür wir bereits konkrete bedeutende Beispiele haben.

Ein Bischof der Antike, der heilige Johannes Chrysostomus, der sehr unter den Missständen in seiner Stadt Konstantinopel litt, schrieb über die Versuchung zu fliehen, die manchmal angesichts der Schwere der Aufgabe aufkommen kann: „Wenn es noch jemand gibt, der von der antiken Philosophie beeinflusst ist [er denkt wohl vor allem an das neuplatonische Ideal der einsamen Kontemplation], dann verlässt er die Städte und die öffentlichen Plätze. Er hört auf, unter den Menschen zu leben und andere zu führen, und geht in die Berge. Was ist der Grund für seinen Rückzug? Wenn er gefragt wird, erfindet er einen unverzeihlichen Vorwand: ‚Ich gehe, um mich nicht zu verlieren‘, sagt er, ‚um nicht in der Tugend geschwächt zu werden.‘ Doch wäre es nicht besser für dich, weniger stark zu werden, dafür aber die anderen zu gewinnen, statt auf den Bergen zu bleiben und gleichgültig zuzusehen, wie deine Brüder verloren gehen?" (PG 61, 53f).

Wir alle laufen Gefahr, in der Stadt etwas zu verlieren an Ruhe an innerer Gelassenheit, an Frieden, Gesundheit und der Freude am Leben. Aber wir können uns gegenseitig helfen, auf das Ideal einer Stadt zuzugehen, das für denjenigen, der die Augen öffnet, bereits da ist und in dem es gut ist, zu leben – in der Erwartung des kommenden Jerusalem.

Mein Weg nach Jerusalem

Meine folgenden Überlegungen kreisen um drei Fragen. Zunächst: Wie entsteht eigentlich das Bewusstsein, eine „Wurzel" zu haben? Sodann: Wie können wir unseren Blick auf Jerusalem schärfen? Genauer: Welche Ereignisse können dazu beitragen, Jerusalem als letztes Ziel unseres Weges zu sehen? Und schließlich: Welche Rolle spielen dabei Begegnungen und gelungene Dialog-Erfahrungen?

Wenn ich mir diese Fragen stelle, fühle ich mich innerlich getrieben, autobiografische Antworten zu geben, obwohl ich weiß, wie heikel solche Bekenntnisse sind. Heikel, weil es peinlich ist, über sich selbst zu sprechen, und weil es schwierig ist, die richtigen Worte für tiefe, prägende Erfahrungen zu finden … Doch auch in diesen wurzelt mein Blick auf Jerusalem. So werde ich an einige entscheidende persönliche Etappen erinnern und verbinde damit den Wunsch und die Einladung, den je eigenen Weg einmal in den Blick zu nehmen …

Ich möchte mit einem Zitat aus Psalm 87 beginnen:

> „Der HERR liebt seine Gründung auf heiligen Bergen,
> die Tore Zions mehr als alle Stätten Jakobs.
> Herrliches sagt man von dir, du Stadt unseres Gottes."

Hier entsteht das Bewusstsein für die Vorrangstellung Jerusalems als Quelle und wie als endgültiges Ziel einer Reise.

> „Ich zähle Rahab und Babel zu denen, die mich erkennen,
> auch das Philisterland, Tyrus und Kusch:
> Diese sind dort geboren."

Der Psalm geht weiter. Über Zion werde man sagen:

> *„Ein jeder ist in ihr geboren.*
> *Er, der Höchste, gibt ihr Bestand!*
> *Der HERR zählt und verzeichnet die Völker:*
> *Diese sind dort geboren.*
> *Und sie werden beim Reigentanz singen:*
> *All meine Quellen entspringen in dir."*

Dreimal wird das Bewusstsein, *dort geboren zu sein*, hervorgehoben. Wie kommt es zu diesem Empfinden? Welche Ereignisse oder Begegnungen bringen es hervor? Hierzu, wie angedeutet, einige sehr persönliche Erfahrungen.

Die Begegnung von 1959: eine Erfahrung von Leben und Tod

Ich erinnere mich an meine erste Begegnung mit Jerusalem im Jahr 1959, als wäre es gestern gewesen. Das Gebiet befand sich in einem Waffenstillstand und wartete auf den Friedensvertrag, aber auf beiden Seiten standen die Soldaten mit ihren Gewehren, dazwischen *Niemandsland,* das keiner ohne Gefahr betreten konnte. Mit anderen war ich auf meiner ersten Studienreise in den Nahen Osten, um die Ausgrabungen, die antiken Schichten zu besichtigen, also mit den Augen eines Archäologen, mit einem leicht profanen Blick. Vielleicht hat mich gerade dieser eher merkwürdige, ich würde sagen wissenschaftliche Kontext zu zwei tiefgreifenden spirituellen Erfahrungen gebracht.

Als ich am Abend des 12. Juli von Amman aus in Jerusalem ankam, wurde mir bewusst, dass sich am nächsten Tag meine erste heilige Messe zum siebten Mal jährte, und trotz der späten Stunde konnte ich die Erlaubnis erhalten, am nächsten Morgen die Eucharistie am Heiligen Grab zu feiern. Gegen 3 Uhr 30 stand ich auf und lief durch die verlassenen Gassen zur Basilika. Von jener Messe habe ich nur die Erinnerung, dass ich ein starkes Erlebnis von „Leben" hatte, von dem, was „Leben" bedeutet. Als ich allein auf dem Stein des Grabes betete und zelebrierte, während nur wenige Menschen von außen zusahen, war mir, als würde mir auf außerordentlich tiefe Weise klar, dass das zentrale Thema aller Religionen *das Leben* ist, dass es die Sehnsucht der Menschheit ist – und dass sich an diesem Ort jede Hoffnung, jede Gewissheit, die ganze Zuversicht des Lebens konzentriert. Es ist schwierig, die Erfahrung zu beschreiben, die ich machte, die Intuition, die ich von einem Leben hatte, das nie endet, das ausbricht, überläuft, das Universum umarmt; es war das Gefühl, dass alle Religionen mit dem Thema des ewigen Lebens, der Auferstehung, spielen und dass deshalb, ausgehend von hier, alles verstanden und beurteilt werden muss.

Während dieser Reise hatte ich auch – ich erinnere mich nicht mehr genau an den Tag – eine Erfahrung mit dem Tod. Eine einfache, sehr banale Erfahrung. Wir besuchten die Brunnen von El Gib (das alte Gibeon), den Ort von Salomos Traum, wo er den Herrn um die Gabe der Weisheit bat (vgl. 1 Kön 3). Ich habe darüber nachgedacht, dass Gibeon auch im Buch Josua (9–10) wegen des besonderen Bundes erwähnt wird, den die Gibeoniter durch List erlangten, und in 2 Sam 21 wegen der grausamen Hinrichtung einiger Söhne Sauls, die David gewährte, um das Volk zufriedenzustellen, das darum bat, um dem göttlichen Zorn zu entgehen.

Um die großen, tief gemauerten Brunnen – wahrscheinlich aus der Zeit Salomos – wurde das Material aus den Ausgrabungen aufgeschüttet, und um einen Brunnen zu fotografieren, musste man hinaufklettern und sich darüber lehnen. Wir stellten uns in einer Reihe auf, etwa dreißig Leute, und als ich an der Reihe war, um das Foto zu machen, begann der Sand- und Steinhügel zusammenzubrechen, vielleicht weil er zu stark beansprucht wurde. Ich rutschte ab und sah mich schon tot, von den Trümmern bedeckt. Da kam mir plötzlich ein Gedanke – den ich seitdem für eine echte Gnade halte, die sich nicht wiederholt hat: Wie schön ist es, in diesem Land zu sterben! Und ich war schlagartig ruhig, gelassen und zufrieden mit dem, was passierte. Ich glaube sogar, dass mich diese völlige Gelassenheit gerettet hat. Da ich nicht in Panik geriet, konnte ich im Fallen mit den Händen in die mit Steinen vermischte Sandmasse greifen und schaffte es, mich festzuhalten …

Diese Nahtoderfahrung in Verbindung mit der vorherigen Lebenserfahrung hat sich in mein Herz eingebrannt. Soweit ich mich erinnere, war das der erste Moment, in dem ich meine existenziellen Wurzeln mit diesem Land und diesen Orten verbunden fühlte.

Das Erfahrung der historischen Wurzeln

Einige Jahre später erlebte ich einen zweiten Moment, in dem das Bewusstsein gewachsen ist, dass in Jerusalem meine Wurzeln liegen. Zu dieser Zeit war ich Rektor des Päpstlichen Bibelinstituts in Rom und besuchte regelmäßig den Sitz in Jerusalem, ein Haus in der Nähe des Jaffa-Tors, an einem sehr schönen Ort: Von der Terrasse aus kann man direkt auf die Stadtmauern sehen.

Spätabends traf ich mit dem Flugzeug aus Rom ein, trat auf die Terrasse, schaute zu den Mauern und betrachtete den Sternenhimmel. Plötzlich hatte ich die geradezu überwältigende Wahrnehmung: *Ich bin hier geboren, in Jerusalem.* Es mag wie etwas Irrationales erscheinen, eine Wahrnehmung, die ihren einzigen Grund im Herzen hat, aber ich *erlebte*, dass die Worte des Psalmisten – „Dieser ist dort geboren" (Ps 87,6) – wahr wurden, ohne dass ich wusste, wie oder warum. Es schien mir, als wäre ich wirklich dort geboren worden, als hätte ich immer in Kontakt mit diesen Steinen gelebt … Mir war, als spürte ich meine historischen Wurzeln: Teil dieser Geschichte, dieser Steine, dieser Realität zu sein, die man mit den Händen berühren kann.

Als Rektor des Bibelinstituts in Rom schien es mir an der Zeit, den Kontakt zur Hebräischen Universität in Jerusalem zu suchen, um den Studierenden des Instituts (fast alle Priester) die Möglichkeit zu geben, dort im Rahmen der Ausbildung zum Exegeten zu studieren. Ich hielt es für wichtig, dass sie in Jerusalem in die jüdische Kultur und Mentalität eintauchten.

Ich habe immer noch lebhafte Erinnerungen an die Treffen aus dieser Zeit: Jedes einzelne eröffnete einen Kontakt, eine freundschaftliche Beziehung mit Vertretern der Universitätskultur und der lokalen Realität. Der Rektor der Universität empfing mich sehr herzlich und war sofort an dem Projekt interessiert, das auch seltsam oder unrealistisch hätte erscheinen können. Er brachte mich mit Professor Shemariau Talmon in Kontakt, der später ein guter Freund wurde, und gemeinsam begannen wir, ein Programm auszuarbeiten.

Ich erinnere mich mit Freude an ein Pessachfest mit Professor Talmon und seiner ganzen Familie, das mich auf außergewöhnliche Weise in die religiöse Tradition des jüdischen Volkes einführte. Wie viele weitere Namen von Freunden könnte ich nennen! Ich denke unter anderem an David Flusser, einen äußerst sympathischen Mann, einen der besten Experten fürs Neue Testament, der an der Universität lehrte und es liebte, Latein zu sprechen; wenn er angerufen wurde, antwortete er: *„Quomodo te habes, amice carissime?"*, und dann begann das Gespräch. Ich denke auch an einige illustre Persönlichkeiten des Dialogs wie Pater Marcel Dubois von der Maison d'Isaïe und Pater Bruno Hussar, den Gründer von Nevé Shalom.

Das war der Moment, in dem zu den existenziellen Wurzeln der ersten Erfahrung von Leben und Tod und den „historischen", dem Gefühl, in Jerusalem geboren zu sein, das Bewusstsein der kulturellen Wurzeln hinzukam: durch die

Begegnung mit dieser Kultur, der Geschichte, der Tradition und die freundschaftlichen Beziehungen zu Menschen … .

Diese drei Momente waren der Ausgangs-, Bezugspunkt und Hintergrund für alles Weitere.

Wie sich meine Beziehung zu Jerusalem und den eigenen Wurzeln entwickelt hat

Die Beziehung zu Jerusalem wird durch „zufällige" Begegnungen und Ereignisse geprägt; sie ist nichts fest Vorgegebenes, sondern für jeden eine andere Geschichte. … Wichtig ist, darauf zu achten, was sich dabei im Innersten abspielt, um es sich anzueignen, zu integrieren, zu ergründen etc. Die *Begegnung* führt zu einer allmählichen Einstimmung auf das jüdische Volk und seine Geschichte, seine Kultur, seine Leiden und seinen Errungenschaften. Sie führt dazu, den Reichtum der Traditionen dieses Volkes zu lieben, zu schätzen und zu studieren. Es reicht nicht, den Antisemitismus zu bekämpfen; man muss lernen, den Schatz der Geschichte und Kultur des jüdischen Volkes kennenzulernen, sich damit vertraut zu machen, auch weil wir dadurch unsere eigenen Wurzeln entdecken.

Auf diesem Weg spielen das geschichtliche Jerusalem und das symbolische Jerusalem unterschiedliche Rollen, die sich aber in ihrer Tiefe ähneln, das eine erinnert an das andere. Frieden in Jerusalem steht dabei zeichenhaft für den Frieden in der Welt, er ist das große Thema für die dort lebenden Menschen und Völker wie für die gesamte Menschheit. Und auch das dortige Leid ist wie ein Symbol für alles menschliche Leid.

Schließen möchte ich mit einem Zitat aus Psalm 122, das in dieser Zeit einen starken, ja dramatischen Widerhall in uns findet:

„Erbittet Frieden für Jerusalem!
Geborgen seien, die dich lieben.
Friede sei in deinen Mauern,
Geborgenheit in deinen Häusern!
Wegen meiner Brüder und meiner Freunde
will ich sagen: In dir sei Friede.“

Pilgerreisen ins Heilige Land

Der Hauptzweck einer Pilgerreise ins Heilige Land ist es, eine Glaubenserfahrung zu machen, den Glauben zu vertiefen. Der heilige Hieronymus (der bis zu seinem Tod in einer Höhle in der Nähe der Geburtsstätte Jesu lebte) sagte zu einer Gruppe von Pilgern seiner Zeit: „Es ist unmöglich, alle Bischöfe und Märtyrer aufzuzählen, die nach Jerusalem kamen. Sie waren überzeugt, dass etwas in ihrem Glauben oder in ihrem Wissen fehlte, sie waren überzeugt, dass sie die Vollkommenheit nicht erreichen könnten, wenn sie Christus nicht gerade dort verehrten, wo das Evangelium vor allen anderen Orten seinen Glanz vom Kreuz ausstrahlte." Und um zu erklären, wie sie die Pilgerreise leben sollten, fügte er hinzu: „Wir werden unermüdlich singen, wir werden häufig weinen, unser Gebet wird nicht aufhören, verwundet durch die feurige Liebe des Erlösers werden wir unisono wiederholen: *Ich habe ihn gefunden, den meine Seele suchte; ich werde ihn festhalten und niemals loslassen.*"

NAZARET – Das Geheimnis der Verkündigung (Lk 1,26-38)

Das Ja zu Gott und das Ja von Gott

Die Szene, die der Evangelist Lukas wunderbar beschreibt, wird belebt von irdischen Personen (Jakob, David, Josef, Maria, Elisabeth, Johannes der Täufer) wie von himmlischen (Gabriel, der Herr, der Vater, der Sohn des Höchsten, der Heilige Geist).

Einige der irdischen Gestalten gehören zur alten biblischen Geschichte, während andere den Beginn der Geschichte des Evangeliums darstellen. Diese Seite stellt also eine Synthese der Heilsgeschichte dar, eine Synthese mit zwei grundlegenden Merkmalen:

– Da ist zum einen *das Ja der Menschen zu Gott*: Jakobs Ja zu einem ihm unbekannten Abenteuer; Davids Ja, der sich, von Gottes Kraft geleitet, auf seinen Kampf gegen Goliath einlässt; Josefs Ja zu Gott und dem, was dieser verfügt hat, ohne dass Josef weiß, was mit ihm geschehen wird; Marias Ja, das alle Ja der Menschheit zu Gott zusammenfasst und alle Haltungen des Menschen verdichtet: ihr Ja zum geheimnisvollen Wirken des Vaters, der sich in der Geburt seines Sohnes durch die Kraft des Geistes offenbart; es ist das feierliche Ja der Menschheit zu Gott, dem wir uns anschließen wollen, indem wir Maria bitten, dass ihr Ja das unsere stütze und dass unser Ja das ihre bis an die Enden der Erde ausdehne.

– Da ist zum andern *das Ja der Gestalten im Himmel, ein Ja, das für Gottes Ja zur Menschheit steht*, für seinen Wunsch, für immer *Gott-mit-uns* zu sein, in unerschütterlicher Treue, in allen Zivilisationen, in allen Kulturen, in allen Momenten der Geschichte.

Die Szene im Evangelium verkündet also das Zentrum der menschlichen Geschichte. Sie ist das Zeichen, dass sich die Geschichte auf Gott zubewegt. Sie sagt uns, dass die Menschheit von Gott geliebt ist, und spricht von unserer Bestimmung, ihm wie und mit Maria zu antworten.

Das Ja eines jeden von uns

Was dieses mit Maria ausgesprochene *Ja* für uns bedeutet, muss jeder zunächst einmal für sich selbst und für das eigene Lebensprojekt entscheiden: Was bedeutet es für mich, *Ja* zu Gott zu sagen, mich von der Kraft des Heiligen Geistes durchdringen zu lassen, „den Sohn Gottes im Glauben in mir hervorzubringen" (wie der heilige Ambrosius es ausdrückte)? Die Kraft der Hingabe Gottes an den Menschen ist heute nicht geringer als an jenem Tag, an dem Maria ihr *Ja* sagte. Sein Ja zu uns ist genauso groß und stark; wir können dies immer aufs Neue erleben in der Kraft der Feier des Wortes und der Eucharistie.

JERUSALEM, GETSEMANI (ÖLBERG) – Das schmerzhafte Eindringen in das Geheimnis der Geschichte durch die Heilige Schrift

Die ganze Passionsgeschichte ist voller Geheimnisse, Rätsel, Dunkelheit; sie ist wie ein stürmischer Himmel mit Donner, Blitz und Wetterleuchten, die Angst einflößen. Aber das dramatischste Wort ist für mich das am Ende, als Jesus mit lauter Stimme ruft: „Mein Gott, mein Gott, warum hast du mich verlassen?" (Mk 15,34). Jedes Mal, wenn wir es wieder hören, ergreift uns ein Schauer, denn aus dem Zusammenhang gerissen könnte es wie die Anrufung eines Verzweifelten wirken, der den Glauben verloren hat, der von den widrigen Ereignissen überwältigt wurde. Doch als der Hauptmann dieses Wort hört, ruft er aus: „Dieser Mensch war wahrhaftig Gottes Sohn!" Offensichtlich hört der Evangelist in diesem Schrei Jesu die Treue Gottes heraus.

Im Versuch, in das Geheimnis dieses Schreis der Gottverlassenheit einzudringen, scheint mir die Beobachtung interessant, dass Jesus ab Kapitel 14 bei Markus immer weniger spricht. Der Jesus von Galiläa, der Jesus der großen Reden, der Bergpredigt, der Missionsrede, der Jesus der langen Auseinandersetzungen mit den Juden (der uns vor allem von Johannes präsentiert wird), der Jesus der harten Worte tritt nach Getsemani allmählich in das tiefste Schweigen ein. In einem seiner letzten Worte wendet er sich an diejenigen, die gekommen sind, um ihn zu verhaften: „So sollen die Schriften erfüllt werden!" (Mk 14,49). Er wird nur noch sehr knappe Antworten auf die ihm gestellten Fragen geben. Man hat so den Eindruck, als würde sich Jesus in sich selbst verschließen, fast so, als wäre er erstaunt und schockiert angesichts der Flut von Verleumdungen, Bosheit, perversen Interpretationen und Grausamkeiten, die auf ihn einstürmen. Es ist, als wolle er für uns, für die Menschheit diese unbegreifliche, mysteriöse Ungerechtigkeit in sich selber „austragen".

Nach dem langen Schweigen im Angesicht von Anklägern aller Art, im Angesicht von Misshandlungen und Ungerechtigkeiten, stößt Jesus im Moment des Todes den Schrei aus: „Mein Gott, mein Gott, warum hast du mich verlassen?" Es ist der Schrei von einem, der all die Enttäuschungen, die Bitterkeit, den Schmerz und das Leid der Welt in seinem Innern durchlebt, der das ganze Mysterium des Leidens über sich ergehen lassen musste; der einen Grund, einen Sinn für dieses schreckliche Mysterium gesucht hat und schließlich in der Heiligen Schrift das Schlüsselwort findet für seine Erfahrung, den Psalmvers: „Mein Gott, mein Gott, warum hast du mich verlassen?"

Auch wenn sich dem Anschein nach alles gegen mich wendet und ich wie von Gott verlassen bin ... – dies wurde bereits niedergeschrieben, es ist Teil des Geheimnisses Gottes, Teil der Heiligen Schrift, und es kann daher nicht das Ziel verfehlen, die barmherzige Liebe des Vaters aufzuzeigen, die in der Heiligen Schrift offenbart wurde. Ich meine in diesem Wort den Schrei eines Menschen zu lesen, der am Rande der schwärzesten Verzweiflung den Sinn dessen, was er erlebt, in der Heiligen Schrift und im Willen des Vaters, dem Willen der Liebe und des Heils, gefunden hat.

Die Heilige Schrift ermöglicht es uns, die Bedeutung all der außergewöhnlichen Ereignisse zu verstehen, die auf dieser Erde geschehen sind, die in der Welt geschehen müssen und geschehen werden. Denn alles ist da drinnen, in allem erfüllt sich das Geheimnis Gottes. Das Geheimnis, das Jesus in sich selbst „vollbracht" hat und in dem er den Willen und die Liebe des Vaters gelesen hat, ist dasselbe Geheimnis, das wir in der alltäglichen Realität lesen und interpretieren können, in der persönlichen, kirchlichen, zivilen, sozialen und politischen Realität.

JERUSALEM, HEILIGES GRAB –
Den Auferstandenen erkennen,
der in unserer Mitte gegenwärtig ist

Jesus lebt

Die Apostelgeschichte erzählt uns, was Jesus heute ist: einer, der lebt! „Er zeigte sich lebendig nach seinem Leiden" (Apg 1,3). Er lebt und verleiht „Kraft vom Heiligen Geist", damit die Apostel „Zeugen für ihn seien in Jerusalem, in ganz Judäa und Samarien und bis an die Enden der Erde" (Apg 1,8). Von Jerusalem aus ist das Zeugnis der Apostel, die Verkündigung, dass er lebt, bis zu uns gelangt.

Und so lautet das Zeugnis der Auferstehung Jesu bei Paulus: „Christus ist für unsere Sünden gestorben gemäß der Schrift, und ist begraben worden. Er ist am dritten Tag auferweckt worden gemäß der Schrift und erschien dem Kephas, dann den Zwölf. Danach erschien er mehr als fünfhundert Brüdern zugleich ... Danach erschien er dem Jakobus ... Zuletzt erschien er auch mir" (1 Kor 15,3-8).

Wir verehren den Ort, an dem er begraben wurde, einen Ort, der uns nicht traurig stimmt, sondern tiefe Freude bereitet, weil wir wissen: Das Grab ist leer, Jesus ist auferstanden. Dank des Zeugnisses der vielen, die Paulus benennt, können wir uns an die Erscheinungen Jesu, an seine Auferstehung erinnern und die Geheimnisse seines Lebens in der Kirche feiern.

Jesus ist in unserer Mitte gegenwärtig

In Joh 20,11-18 wird uns gesagt, was Jesus heute in unserer Kirche ist; der Abschnitt erzählt uns von Magdalena, die Jesus sucht. Sie wusste nicht, dass der Herr genau der war, mit dem sie sprach. Magdalena weinte grundlos, suchte vergeblich und bat sinnlos, denn sie wusste nicht, dass Jesus, um den sie weinte, den sie suchte und bat, bei ihr war!

Maria Magdalena, die weint, die sucht, die bittet, ist ein Bild für uns, die wir oft über das Leben, die Geschichte und die Kirche urteilen, ohne daran zu denken, dass Jesus lebt und vor uns steht. Wenn wir die menschliche Geschichte, die gegenwärtige Geschichte, die Geschichte der Kirche und die gesellschaftlich-kulturellen Entwicklungen betrachten und dabei vergessen, dass Jesus zugegen ist und uns Leben schenkt, dann fragen auch wir, suchen auch wir, weinen auch wir womöglich fruchtlos und ohne Sinn. Wenn wir dagegen erkennen, dass Jesus in unserer Mitte, in uns, in unserem Leben, in unserer Kirche lebt, dann verwandeln sich unser Weinen, unser Suchen und unser Fragen in Freude.

Und wir preisen den Herrn Jesus, der dem Weinen und Suchen dieser Frau Sinn, Freude und Frucht gegeben hat. Wir bitten ihn, dass er auch unserem Weinen, dem Weinen und Suchen aller Menschen auf dieser Erde Sinn und Frucht verleiht. Wir bitten ihn, den Völkern und Kulturen in all ihren Ängsten Freude und Frucht zu schenken, in der Gewissheit, dass er lebt, dass er sich uns zeigt, dass er sich in der Eucharistie „präsent macht", dass auch wir ihm wie Magdalena, wie Johannes, wie Petrus, wie die Zwölf am Grab, im Abendmahlssaal, am See begegnen.

DIE WÜSTE VON JUDA – Wandern in der Wüste

Israel in der Wüste (Dtn 32,10-12; Ex 16,2-5)

Diese biblischen Stellen erzählen uns, wie viele andere auch, von der Wüste. Die Wüste ist einer der symbolträchtigsten Orte für die Menschen im Alten Testament.

Das Volk Israel hat viele Jahre in der Wüste zugebracht. In seiner Geschichte wurde die Wüste zum Ort der Treue Gottes und der Untreue des Menschen: Da zeigt Gott seine Liebe, während das Volk, das die Wüste durchwandert, versucht wird und fällt. Die Wüste ist vor allem der Ort, an dem Gott sein Volk geformt hat: „Er hüllte ihn (= Jakob, auch Israel genannt) ein, gab auf ihn Acht und hütete ihn wie seinen Augenstern" (Dtn 32,10b). Die Wüste ist auch der Schauplatz der Versuchung, des Murrens und der Rebellion gegen Mose und Aaron: „Ihr habt uns nur deshalb in diese Wüste geführt, um alle, die hier versammelt sind, an Hunger sterben zu lassen" (Ex 16,3). In der Wüste muss man sich entscheiden zwischen Gottvertrauen und Verzweiflung. Als sich das Volk Israel in der Wüste auf dem Weg zum Sinai befand, stand es vor der Wahl: weiterziehen im Vertrauen auf den Herrn und blind auf ihn zu hoffen? Oder nach Ägypten zurückkehren, wo es zwar etwas zu essen hätte, aber immer noch Sklave wäre? Oder aufgeben und verzweifelt auf den Tod warten?

Die Wüste konfrontiert den Menschen mit seiner Wahrheit. Wir können über das Bemühen Israels meditieren, dem lebendigen Gott treu zu sein. Israel ist in der Tat ein Symbol für unser Leben; die Versuchungen, die es erlebte, sind ein Symbol für die unseren, und das Vertrauen, das es an den Tag legte, ist ein Symbol für das unsere. Wie viele von uns beginnen mutig ihren Weg durch die Wüste, werden dann aber müde und kehren um! Bitten wir den Herrn:

Gib uns, Herr, dass wir die Prüfungen deines Volkes Israel in der Wüste verstehen, die Schwäche, die Untreue auf diesem Weg.

Lass uns begreifen, mit welcher Liebe und Barmherzigkeit, mit wie viel Achtsamkeit und Zutrauen du dein Volk erzogen hast, mit welcher Treue du über es gewacht hast.

Wir sind uns sicher, Herr, dass du heute über uns wachst, und wir bitten dich, auch weiterhin über uns zu wachen, dass wir durchhalten, wenn wir müde sind und aus Angst am liebsten umkehren würden. Wache über uns, Herr, damit wir wie Israel das Land deiner Verheißung erreichen können.

Wir bitten dich für alle, die auf der Wüstenwanderung des Lebens müde werden, verzweifeln und sogar daran denken, sich das Leben zu nehmen; wir bitten dich für alle, die keine Hoffnung mehr haben, die spüren, dass der Tod nahe ist, für alle, die keine Perspektive haben: Schenke du ihnen die Gewissheit, dass du ihnen nahe bist, und stärke ihren Glauben auf dem Weg ins gelobte Land.

Jesus in der Wüste

Nach diesen Gedanken über die Erfahrung des Volkes Israel in der Wüste Sinai möchte ich nun darüber meditieren, wie Jesus in die Wüste ging, um inmitten von Dünen, tiefen Tälern und Höhlen vierzig Tage und vierzig Nächte zu verbringen, bevor er sein öffentliches Wirken begann. Dieser Ort erinnert uns an sein Fasten, seinen Durst, seinen Hunger, seine nächtlichen Gebete, seine Schreie zu Gott, sein Rezitieren der Psalmen, sein Vertrauens auf den Vater und auch an die Versuchung durch Satan. In der Wüste erlebte Jesus eine Zeit, in der sich sein ganzes Leben auf Gebet, Anbetung, Lobpreis und Versuchung konzentrierte.

Herr, lass uns ein wenig Anteil an dem nehmen, was du erlebt hast, lass uns hineinfinden in dein Gebet, in deine Anbetung des Vaters in vollkommener Einsamkeit und ihn als den einen Gott, den einen Schöpfer des Himmels und der Erde anerkennen.

In dir, der du dich in die Dürre der Wüste begeben hast, findet sich die ganze Menschheit auf der Suche nach dem Sinn des Lebens wieder. Für sie bist du dorthin gegangen, hast dich dem Versucher gestellt, den bösen Mächten, die dich davon abbringen wollten, deinen Weg der Demut und der Armut fortzusetzen, indem sie dir die Faszination von Erfolg und Macht vor Augen führten. Es ist eine schreckliche Versuchung, den Weg der Bescheidenheit, der Verborgenheit zu verlassen, um den Weg des Erfolgs, des menschlichen und geistigen Ruhmes, des Besitzes von Menschen und Geld zu betreten. Aber du, Sohn Gottes, hast an diesem Ort zu all dem Nein gesagt und uns ein einfaches, bescheidenes Leben gelehrt, ein Leben für die anderen, in der Stille, im Nicht-in-Erscheinung-Treten.

Die Kirche in der Wüste

Zum Schluss wollen wir noch über die Kirche in der Wüste nachdenken. In der Offenbarung heißt es: „Die Frau floh in die Wüste, wo Gott ihr einen Zufluchtsort bereitet hatte" (Offb 12,6). Wir können dies auf die Kirche beziehen. *Eine Kirche in der Wüste zu sein* bedeutet vor allem, bewusst die Wüste aufzusuchen und dort Nahrung zu finden. Würden wir die Täler in dieser Wüstengegend erkunden, könnten wir zahlreiche Höhlen von Einsiedlern, von Mönchen entdecken, die hier im Laufe der Jahrhunderte gelebt haben. Aus der ganzen Christenheit sind Tausende und Abertausende in die Wüste gezogen, um sich „von Gott zu ernähren" und so ihrer Kirche Nahrung zu geben. Auch heute noch geht das monastische Leben in der Wüste weiter: in der Sinai-Wüste, in den Wüsten Ägyptens und in den Regionen um den Berg Athos. Jedes Kloster möchte an die Erfahrung einer „Kirche in der Wüste" anknüpfen, aber auch jeder von uns ist dazu berufen, in seinem eigenen Leben von „Wüstenmomenten" zu zehren.

Eine Kirche in der Wüste zu sein bedeutet auch, sich um diejenigen zu kümmern, die in der Wüste unserer Gesellschaft am Straßenrand liegen, arm, ausgegrenzt, ausgeschlossen, leidend und verzweifelt. Die Straße von Jerusalem nach Jericho folgt mehr oder weniger dem Verlauf der alten Römerstraße, auf der – so erzählt Jesu Gleichnis – ein Unglücklicher um ein Haar von Banditen tödlich verletzt worden wäre und schwer verwundet am Straßenrand liegen blieb, bis ein Samariter ihn sah und sich um ihn kümmerte (vgl. Lk 10,25-37).

In der Wüste zu sein bedeutet, sich der Menschen am Rand bewusst zu sein, jener, die noch verzweifelter sind als wir. Es bedeutet, *Nähe zu leben*. In der Wüste ist die Nähe tatsächlich unmittelbarer, dort begreifen wir die Not derer, die bedürftiger und einsamer sind als wir.

Kirche in der Wüste zu sein bedeutet sodann, mit Verfolgung, Kritik, Versagen, Ohnmacht und Schwäche konfrontiert zu sein. Die Kirche lebt ihre Not und ihre Armut in der Wüste des Lebens im Vertrauen auf den Hirten, der nicht zulässt, dass die Schafe sich zerstreuen und vor Hunger sterben. Die Kirche lebt in der Wüste im vollen Vertrauen auf ihren Hirten Jesus, der sie auch durch die Wüsten unserer Zeit führt.

Die Wüste wird zu einem Garten werden

Über uns wird der Geist aus der Höhe ausgegossen werden", heißt es bei Jesaja. „Dann wird die Wüste zum Garten und der Garten wird zum Wald. In der Wüste wird wohnen das Recht und in dem Garten wird die Gerechtigkeit weilen. Das Werk der Gerechtigkeit wird Friede sein, und der Ertrag der Gerechtigkeit sind Ruhe und Sicherheit für immer" (Jes 32,15-17).

Die Wüste, Symbol der inneren Trockenheit, der Wüste unserer Existenz, ist in der Bibel auch ein Symbol für die Verwandlung, die Gott bewirken will: In einen Garten will er sie verwandeln, einen Garten, in dem Gerechtigkeit, Frieden, Recht und Sicherheit herrschen werden. Verwandeln will er die Leiden, Ängste und notvollen Erwartungen der Menschen dieser Erde. Beten wir dafür, dass all diese Wüsten durch Gottes Gnade, durch die versöhnende Kraft der Frohen Botschaft in einen Ort von Recht und Gerechtigkeit, der Sicherheit und des Friedens für alle Völker gewandelt werden.

NAZARET – mit den Worten von Paul VI.

Ich möchte zunächst an einige Worte von Papst Paul VI. in seiner Rede in der Verkündigungsbasilika am 5. Januar 1964 erinnern: „Nazaret ist die Schule, in der man eingeweiht wird, das Leben Jesu zu verstehen, die Schule des Evangeliums." Hier lerne man „zu beobachten, zuzuhören, zu meditieren, die so tiefe und geheimnisvolle Bedeutung dieser so einfachen, demütigen und schönen Offenbarung des Sohnes Gottes zu durchdringen". Damit, so Paul VI., lerne man, wie man verstehen kann, wer Christus ist"; man entdeckt, in welcher Umgebung er lebte, wohnte, wirkte, „die Orte, Zeiten, Bräuche, Sprache, religiösen Gewohnheiten, alles, was Jesus ‚benutzt' hat, um sich der Welt zu offenbaren". Und wenn Paul VI. feststellt: „Hier spricht alles […], hier hat alles einen Sinn", so möge uns das einstimmen auf das Geheimnis der Verkündigung, das wir nun kurz betrachten wollen.

Marias Frage nach dem Sinn (Lk 1,26-38)

Besonders beeindruckt bin ich von der Aussage des Evangelisten: Maria „erschrak über diese Anrede und überlegte, was dieser Gruß zu bedeuten habe". Im Griechischen lautet ihre Frage ganz schlicht: Was war, was ist dieser Gruß?

Nach Aristoteles gibt es zwei grundlegende Fragen, die dem gesamten Weg der menschlichen Erkenntnis zugrunde liegen: *ti esti* – Was ist es? Und: *alethon esti* – Ist das wirklich so? Thomas von Aquin wiederholt sie oft: *quid sit? an sit?* Marias erstes Wort ist eine Frage nach dem Sinn, eine Suche nach der unmittelbaren Bedeutung dessen, was sie gerade erlebt. Wir vernehmen sie jetzt, da wir uns hier in Nazaret befinden, und fragen uns: Was ist der Sinn unserer Pilgerreise, unseres Hierseins? Oder, weitergehend: Was ist der Sinn der Pilgerreise unseres Lebens auf der Erde?

Der Sinn unserer Pilgerreise, unseres Lebens

Wir sind in Nazaret, um uns affektiv, emotional und spirituell mit Jesus Christus zu verbinden und uns von Jesus inspirieren zu lassen … Jesus ist unser Vorbild. Wir wollen mehr in Christus verwurzelt sein, in ihm sein, in sein durchbohrtes Herz eindringen (vgl. Joh 19,34), um in ihm, mit ihm die ganze Welt zu betrachten. Es soll keine rein intellektuelle Erfahrung sein, sondern – durch die Gnade des Heiligen Geistes, der in Nazaret mächtig geweht hat – eine tiefe, verwandelnde, mystische Erfahrung (die nicht unbedingt spürbar sein muss), eine Erfahrung, die uns erneuert in die Hände Gottes legt, die zu neuem Leben in Christus „gebiert".

Man könnte fragen: Was bringt es, die Orte, die Sitten, die Sprache, die religiösen Bräuche dieser Menschen zu kennen? Welchen Sinn macht es für uns, die vorbiblischen, biblischen und nachbiblischen Phasen der schwindelerregenden Geschichte eines Landes kennenzulernen, das Ereignisse aller Art erlebt hat, in dem Kulturen und Zivilisationen aufeinanderprallten, in dem es blutige Ereignisse gab, in dem so viele Tränen vergossen wurden, so viel Leid und so viele Spannungen erlebt wurden? Verbinden wir all das, diese ganze Geschichte mit Jesus – und wir merken: Es macht Sinn!

DER BERG TABOR – Das Herz des Lebens Jesu
(Lk 9,28-36)

Die Episode der „Verklärung Jesu" schließt sich an das Glaubensbekenntnis des Petrus an, das für ihn, für die Zwölf den entscheidenden Übergang von einer rein menschlichen Sicht des Meisters (als einem wie Johannes der Täufer, Elia, Jeremia, einer der Propheten) zu einer transzendenten Betrachtung (der Gesalbte Gottes, der Christus, der Sohn Gottes) darstellt. Die Beziehung der Jünger zu Jesus wird zu etwas anderem, sie ist fortan geprägt von Ehrfurcht, von der Suche nach dem Geheimnis, von Bangen und Furcht vor dem Mysterium.

Auf das Glaubensbekenntnis des Petrus folgt unmittelbar die erste Ankündigung der Passion, die eine grundlegende „Furt" im Leben Jesu ist: der Übergang vom wundertätigen Messias zum leidenden Messias. So formuliert Jesus unmittelbar vor der Verklärung auf dem Berg die Bedingungen für seine Nachfolge: „Wenn einer mir nachfolgen will, verleugne er sich selbst, nehme sein Kreuz auf sich und folge mir nach." Diese Bedingungen bedeuten für die Jüngerinnen und Jünger den Übergang von der Nachfolge eines erfolgreichen Messias zur Nachfolge eines leidenden Messias. So wie ihm, den die Passion erwartet, wird es auch ihnen ergehen. Wenige Verse später (Lk 9,51) findet sich die Formel „firmavit faciem suam": Es ist die klare, öffentliche Bekräftigung, dass der Messias „sein Angesicht" fest entschlossen auf Jerusalem ausrichtet, dass er auf das Kreuz und die Auferstehung zugeht. Eine andere Episode, die des Epileptikers (Lk 9,37ff), zeigt den Kleinglauben der Jünger, die Mühe, die es sie kostet, dem Meister zu folgen.

Das geheimnisvolle Ereignis auf dem Berg ist in eine Art Gebetskontext eingebettet: „Er stieg auf den Berg, um zu beten, und während er betete …". Die Bitte der Jünger (in Lk 11): „Lehre uns beten", könnte von Lukas gezielt im Anschluss an die Episode auf dem Berg gestellt worden sein, fast so, als sollte es heißen: Du, der du im Gebet verklärt wurdest, ermögliche auch uns, in irgendeiner Weise an einer solchen Verklärung teilzuhaben!

Nur Petrus, Jakobus und Johannes sind Zeugen der Verklärung, die drei, die dem Meister in Getsemani nahe sein werden, wo Jesus nicht mehr glorreich und herrlich erscheint, sondern schon vom Kreuz gezeichnet ist. Interessanterweise ist Johannes der einzige Jünger, der dann Zeuge der Kreuzigung und der durchbohrten Seite Jesu wird, die – wie wir sehen werden – in gewisser Weise den Höhepunkt der Verklärung darstellt.

Ein Umstand, der die lukanische Schilderung von den anderen Evangelien unterscheidet, ist die Anwesenheit von zwei alttestamentlichen Figuren, Mose und Elia, die das Gesetz und die Propheten verkörpern. Das Gesetz und die Propheten müssen wir gut kennen, um Jesu Leben in der Tiefe zu begreifen und ihn als die Vollendung, als die Fülle des Alten Testaments zu verstehen.

Die Jünger werden vom Schlaf bedrängt, wie später in Getsemani. Mir scheint, dass damit auf die Mühe der Unterscheidung, die Mühe des Verstehens hingewiesen wird: Wenn das Geheimnis Gottes offenbart wird, tun wir uns schwer, verschließen wir uns, fühlen wir uns gestört oder gelangweilt und ziehen es vor zu schlafen, nicht darüber nachzudenken. Es ist zu viel für uns … Die Jünger bekommen kaum noch mit, was geschieht.

In diesem facettenreichen, vielsagenden Kontext steht Jesus als Auferstandener im Zentrum, in hellem, leuchtendem Gewand. Das bedeutet, dass Jesus stets vor dem Hintergrund des „weißen Gewands" der Auferstehung, der Herrlichkeit und des Lebens verstanden werden muss. Wir sollen begreifen, dass das innerste Geheimnis, der Schlüssel zu seinem Verständnis, darin besteht, das Leben im Tod und die Auferstehung im Kreuz zu lesen.

Das letzte Element, das zu erwähnen ist, sind die drei Zelte, die Petrus aufschlagen will. Sie stehen für unsere immer wiederkehrende Neigung, auf halbem Weg stehen zu bleiben: Wir möchten das Schöne, den Erfolg festhalten und nicht weitergehen „nach Jerusalem", nicht den Weg des Kreuzes gehen.

Angesichts der Bedeutungsfülle dieser geheimnisvollen Episode verwundert es nicht, dass die Ikonografie, insbesondere die byzantinische, sie immer wieder aufgegriffen hat. Die Episode gipfelt in dem Wort des Vaters: „Das ist mein Sohn, der Auserwählte; hört auf ihn!" Es ist das, was der Vater über Jesus offenbart – und damit in Jesus von sich selbst.

Der Übergang

Was bedeutet der „Übergang" vom Petrusbekenntnis hin zu Jesu festem Entschluss, sich Jerusalem und damit dem Leiden zuzuwenden, für ihn selbst?

In seiner zweifachen Leidensankündigung und seinem Ja zur Passion, die ihn erwartet, hat er schon Entscheidendes über sich gesagt. Hier nun, in der mit dem Kreuz zusammengehörenden Verklärung, zeigt er seine Herrlichkeit und seine Sohnschaft. Dies ist die tiefe Bedeutung von Lk 9,28-36: Jesus manifestiert „in sich" die Verbindung von Kreuz und Herrlichkeit, Leiden und Erlösung, Tod und Leben, Sohnschaft und Gehorsam – eine Verbindung, die den Kern des geschichtlichen Mysterium des fleischgewordenen Wortes darstellt.

Es handelt sich nicht nur um eine ontologische Realität (Gott-Mensch), die abstrakt betrachtet werden kann, sondern es geht um die historische Realität von Kreuz und Herrlichkeit, Demut und Ehre, Leiden und Freude, Armut und Reichtum, Tod und Leben. Es ist das Herzstück des Lebens Jesu, das in den Seligpreisungen zusammengefasst ist; sie sind genau dieser gelebte Gegensatz, der sich in dem Wasser und dem Blut, die aus der Seite des Gekreuzigten fließen, verdichten wird: das Wasser des Lebens und das Blut der Todeshingabe gehören untrennbar zusammen.

Diese Einheit zu verstehen, das ist der „Übergang", zu dem wir aufgerufen sind. Ein schwieriger Übergang, schon für die Jünger: Sie waren wie gesagt vom Schlaf übermannt, und Petrus wusste nicht, was er sagte; auch sie sind Teil jenes „ungläubigen und verkehrten Geschlechts" (vgl. Lk 9,41), von dem Jesus spricht. Jesu Wort über die Passion flößt ihnen Furcht ein; sie haben Angst, ihm Fragen zu stellen (vgl. Lk 9,45); sie streiten darüber, wer der Größte unter ihnen sei (Lk 9,46), und sind voller Unmut auf einen anderen, der ebenfalls Dämonen austreibt (vgl. Lk 9,49).

All dies steht im Gegensatz zu „firmavit faciem suam", zur Bereitschaft, ja Entschlossenheit Jesu, den Gang nach Jerusalem anzutreten, wohlwissend, was ihn erwartete. So steht zwischen der Verklärung und dem „firmavit" das Ringen der Jünger, die Bedeutung der Einheit von Kreuz und Herrlichkeit zu verstehen.

Wir sind gerufen, die „Furt zu durchqueren", den „Übergang" zu vollziehen, die enorme Anstrengung auf uns zu nehmen, die Verbindung zwischen Askese und innerer Freiheit, zwischen Abtötung und Freude, zwischen Passion und Auferstehung in unserem Leben zu begreifen. Anders gesagt: Statt das eine und das andere irgendwie nebeneinander zu stellen, müssen wir hinfinden zu jener Synthese, zu jenem Ineinander von Kreuz und Auferstehung.

Es ist der Weg Jesu, des Sohnes, des Erlösers.

NAZARET – Wie man „die Furten des Lebens" lebt

Jesus verlässt Nazaret, um sein öffentliches Wirken zu beginnen (Mt 4,12-17). Zuvor wurde auf einen früheren Aufbruch aus Nazaret verwiesen: „Jesus kam von Galiläa an den Jordan zu Johannes, um sich von ihm taufen zu lassen" (Mt 3,13). Dies ist die erste „offizielle" Trennung: Jesus geht, um die prophetische Investitur zu empfangen, und verlässt das gewöhnliche Leben. Bei Markus heißt es: „Und es geschah in jenen Tagen, da kam Jesus aus Nazaret in Galiläa und ließ sich von Johannes im Jordan taufen" (Mk 1,9). Es gibt noch eine weitere Abreise aus Nazaret, die eine wichtige symbolische Bedeutung hat: Im Alter von zwölf Jahren wird Jesus von seinen Eltern zum Passahfest nach Jerusalem gebracht und bleibt im Tempel, „um im Haus des Vaters zu sein" (vgl. Lk 2,41-50). Zu erwähnen ist sodann auch jene Szene, in der sich nicht Jesus von Nazaret trennt, sondern wo er aus Nazaret *vertrieben wird*. Bei Lukas steht diese Episode von Ablehnung in seiner Heimatstadt sogar am Anfang: Jesus betritt die Synagoge wie gewohnt am Sabbat, er steht auf, um aus der Schriftrolle des Propheten Jesaja zu lesen und erklärt sie, „aktualisiert" sie – und siehe da: „Als die Leute in der Synagoge das hörten, gerieten sie alle in Wut. Sie sprangen auf und trieben ihn aus der Stadt hinaus; sie brachten ihn an den Abhang des Berges, auf dem ihre Stadt gebaut war, und wollten ihn hinabstürzen. Er aber schritt mitten durch sie hindurch und ging weg" (Lk 4,28-30).

Die Evangelisten berichten also von mindestens vier Aufbrüchen Jesu aus Nazaret: im Alter von zwölf Jahren, ein Symbol dafür, dass er „im Haus des Vaters sein muss"; sodann in Verbindung mit der Taufe als Vorbereitung auf das öffentliche Leben; danach der Aufbruch nach Kafarnaum, wo er seine Verkündigung in der Öffentlichkeit beginnt, und schließlich seine Vertreibung wegen seines Predigens.

Wie erlebte Jesus diese Aufbrüche, diese Ablösungen?

Den Aufbruch, um in Jerusalem, im Haus des Vaters, zu bleiben, erlebte er wohl in der vielleicht etwas verträumten Art eines Heranwachsenden, der seiner Berufung nachgeht. Für ihn schien alles klar: Er „musste" im Tempel bleiben und konnte deshalb nicht nach Nazaret zurück. Er kümmert sich um nichts anderes, wie ein verliebter Junge.

Den zweiten Aufbruch, den zum Jordan, wo er von Johannes getauft werden sollte, könnte man mit dem Schritt eines jungen Menschen vergleichen, der sich ernsthaft auf den Weg begibt, für den er sich entschieden hat, wie beim Eintritt ins Priesterseminar: Er träumt nicht bloß von irgendetwas, sondern macht sich mit dem Enthusiasmus eines Novizen auf den Weg.

Der dritte Aufbruch aus Nazaret erfolgt auf die Entscheidung hin, nach Kafarnaum zu gehen und seinen Dienst zu beginnen: ein Leben im Dienst am Nächsten, in der großen, säkularen Stadt voller Leben, mitten unter den Menschen.

Die Vertreibung aus Nazaret schließlich hat Jesus mit dem Realismus eines Menschen gelebt, der den Preis seiner Entscheidungen zu spüren bekommt. Zunächst getragen von Enthusiasmus und vom Schwung der neuen Erfahrung (wenn auch im Wissen, dass es etwas kosten wird), erlebt er jetzt, dass der Preis sehr hoch ist. Es ist der Übergang vom theoretischen zum wirklichen Wissen: Jetzt erfährt er es am eigenen Leib.

JERUSALEM, „DOMINUS FLEVIT" –
Jesus im Angesicht des Bösen in der Welt

Das Weinen Jesu über Jerusalem (Lk 19,41-44) können wir als Symbol dafür sehen, was Jesus angesichts des Bösen in der Welt fühlt und erlebt.

Der Weg zur Erkenntnis des Bösen

Wir haben es hier mit der Erkenntnis des Bösen nicht in dem Sinne zu tun, wie sie in den Kapiteln 2 und 3 der Genesis verstanden wird („Ihr werdet sein wie Gott und wissen, was gut und böse ist …"); es geht nicht um ein solches Wissen, sondern um einen Erkenntnisprozess im (entwicklungs)geschichtlichen oder psychologischen, phänomenologischen Sinne: um das Kennenlernen des Bösen (im Unterschied zur theoretischen Erkenntnis). Als Heranwachsende, als junge Menschen haben wir eine eher abstrakte Vorstellung vom Bösen. Wir begegnen ihm in der einen oder anderen Situation, doch fällt es uns schwer, zu erkennen, dass das Böse eine eigene Macht hat. Wenn wir dann an einem bestimmten Punkt Erfahrungen machen, in denen uns die Bosheit, die Absurdität, die bestialische Irrationalität der Geschichte trifft und verletzt, dann gelangen wir zur wirklichen Erkenntnis des Bösen.

So wollen wir über jene Episode nachdenken, in der Jesus sich auf diese Erkenntnis des Bösen einlässt, das ihn in der Stadt Jerusalem in seinem Leiden und Sterben trifft; sein Weinen steht damit in einer engen Verbindung: Der Ort, wo er weinte („Dominus flevit") und Getsemani, wo er im Angesicht seiner Todes Blut schwitzte, gehören zusammen.

Die Perikope in Lk 19,41-44 erinnert an eine andere Klage Jesu. Nachdem er den festen Willen bekräftigt hat, nach Jerusalem zu gehen, nennt Jesus den Grund: „Denn ein Prophet darf nicht außerhalb Jerusalems umkommen. Jerusalem, Jerusalem, du tötest die Propheten und steinigst die Boten, die zu dir gesandt sind. Wie oft wollte ich deine Kinder sammeln, so wie eine Henne ihre Küken unter ihre Flügel nimmt; aber ihr habt nicht gewollt" (Lk 13,33f).

Jesus weint

Nachdem Lukas erzählt hat, wie Jesus nach Jerusalem hinaufzog, durch Betfage und Betanien, in die Nähe des Ölbergs, und wie er die Jünger aussandte, um ein angebundenes Fohlen zu suchen, es loszubinden und zu ihm zu bringen, nachdem er die Szene der jubelnden Menge beschrieben hat, die ihre Mäntel ausbreitete, fügt er ein Detail hinzu: „Als er näherkam und die Stadt sah, *weinte er* über sie und sagte: Wenn doch auch du an diesem Tag erkannt hättest, was Frieden bringt. Jetzt aber ist es vor deinen Augen verborgen. Denn es werden Tage über dich kommen, in denen deine Feinde rings um dich einen Wall aufwerfen, dich einschließen und von allen Seiten bedrängen. Sie werden dich und deine Kinder zerschmettern und keinen Stein in dir auf dem andern lassen, weil du die Zeit deiner Heimsuchung nicht erkannt hast" (Lk 19,41-44). – Da ist das Ereignis (Jesus weint), da ist der Grund für sein Weinen (Jerusalem hat die Zeichen der Zeit – die Bedeutung seines Kommens – nicht erkannt), da ist die Prophezeiung (kein Stein wird auf dem anderen bleiben). Diese Passage muss natürlich im Kontext gesehen werden:

In Lk 19,45f wird von Jesu Reaktion auf die missbräuchliche Nutzung des Tempels berichtet – eine weitere Reaktion Jesu angesichts des Bösen, hier auf eine inakzeptable Praxis, die seine Empörung hervorruft: „Mein Haus soll ein Haus des Gebetes sein. Ihr aber habt daraus eine Räuberhöhle gemacht!"

In Lk 21,6 findet sich erneut seine Aussage, es würden Tage kommen, da werde von allem, „was ihr hier seht, kein Stein auf dem anderen bleibt", alles werde niedergerissen werden – Worte, die wir im Zusammenhang mit der gesamten eschatologischen Rede, der Rede über die „Endzeit", lesen müssen.

Am Ende dieser Rede (Lk 21,37f) erinnert Lukas daran, dass Jesus in Jerusalem tagsüber im Tempel lehrte und abends hinausging und die Nacht draußen am Ölberg verbrachte. Man hat den Eindruck, dass die eschatologische Rede selbst verbunden wird mit dem Blick über die ganze Heilige Stadt vom Ölberg aus.

Kennen wir das Böse?

Jeder von uns kennt das Böse aus der persönlichen Erfahrung der eigenen Schwäche und Gebrechlichkeit, aus Dingen, die falsch laufen und einem missfallen, in der Familie oder unter Freunden, in der Kirche oder in der Gesellschaft.

Aber Jesus weint hier über die „Sünde der Welt", nicht über einzelne individuelle Verbrechen, über Fehler Einzelner, sondern über die „kollektive" Sünde, über die tiefen Wurzeln des Bösen.

Die Geschichte ist voll von Vergehen und Verbrechen, von einzelnen Taten, die die Menschheit erniedrigen und die Menschenwürde verletzen (Mord, Grausamkeit, Vergewaltigung, Untreue, Verrat, Diebstahl, Raub, Korruption in Verwaltung und Politik, Unehrlichkeit); wie oft wird man im Beichtstuhl Zeuge davon … All diese Übel können wir im durchbohrten Herz Christi eingeschlossen sehen. – Dies ist eine erste Ebene, die der *individuellen Vergehen*.

Davon ausgehend und mit ihnen verbunden gibt es eine kollektive Spielart, bei der von Gruppen, von geschichtlich gewachsenen Einheiten *Dynamiken der Sünde* ohne jede Menschlichkeit ausgehen: ethnischer Hass, Rassismus, politischer Hass (denken wir an Diktaturen mit ihren Untaten), Sozial- und Klassenhass (denken wir an gewaltsame Revolutionen mit all ihrem Gemetzel), bewusst geschürte Vorurteile, kriminelle Organisationen, kurz: vielfältige offene wie auch verdeckte Strukturen der Sünde. Das ist das Böse, das

Jesus sieht, wenn er die Stadt – und damit sind alle unsere Städte mitgemeint – betrachtet. Dazu gehören die schrecklichsten, die kollektiven Verbrechen, Doktrin gewordenes Böse in Gestalt bestimmter Ideologien und Denkweisen, Zerrformen der Religionen und kulturelle Milieus aller Art, die das Böse gut nennen und es damit zu legitimieren versuchen.

Daraus erwachsen Katastrophen, die ganze Gesellschaften aus den Fugen bringen und regelmäßig den Gang der Geschichte durcheinanderbringen. Es gibt auch „langsame" Katastrophen, die wie eine Seuche eine Gesellschaft nach und nach von innen heraus zerstören. Dazu zählen etwa Denkgebäude und Argumentationen, die zu Nihilismus, ethischem Relativismus, rassistischen, nationalistischen und diktatorischen Ideologien führen. Das sind nicht nur organisierte Strukturen der Sünde, sondern *Denkstrukturen*, die zur Sünde führen, die das Böse erzeugen, etwa in Gestalt einer systematischen Verfolgung des Glaubens, der systematischen Auslöschung der Hoffnung in den Herzen der Menschen, der Zerstörung der Liebe.

Mir scheint, dass Jesus vor allem angesichts der *religiösen Verirrungen* betroffen ist. Davon, dass die Religion das Gute gegen das Böse und das Böse gegen das Gute austauscht, sodass ein religiöses System am Ende zum Komplizen eines Systems des Bösen und der Sünde wird. Jesus wird von einer solchen Verirrung erdrückt; er leidet unter diesem Bündel religiöser Übel, mit dem auch politische Missstände und Übel auf unterschiedliche Weise verbunden sind.

Die Schwierigkeit, die Bibel zu lesen

Ich möchte einige Passagen aus dem Hirtenbrief des Lateinischen Patriarchen von Jerusalem, Michel Sabbah, mit dem Titel *Die Bibel heute im Land der Bibel* (1.11.1993) zitieren. Er spricht nicht nur über die Bibel und die *lectio divina,* sondern auch über die Schwierigkeiten, im Land der Bibel die Bibel zu lesen, konkret über die Schwierigkeiten, die arabische Christen erleben. Es macht Eindruck zu sehen, wie verzerrt die Bibel interpretiert werden kann, so sehr, dass dies zur Ursache von Konflikten werden kann. Michel Sabbah stellt eine Reihe von Fragen: Kann das Israel der Bibel mit dem modernen Staat Israel identifiziert werden? Was bedeuten die Verheißungen, die Erwählung, der Bund, insbesondere die Verheißung des Landes für Abraham und seine Nachkommen? Können sie zur Rechtfertigung aktueller politischer Forderungen herangezogen werden? Sind die palästinensischen Christen vielleicht gar Opfer der Heilsgeschichte (an die sie glauben!), einer Geschichte, die das jüdische Volk zu bevorzugen scheint? …

Michel Sabbah greift die Thematik am Ende seines Schreibens auf und erklärt, dass die Bibel von politischer Manipulation befreit werden müsse: „Die Bibel ist Wort Gottes. Wenn bestimmte Politiker oder bestimmte fundamentalistische Gläubige sie als Waffe im Konflikt missbrauchen, bedeutet das nicht, dass das Wort Gottes aufhört, Wort Gottes zu sein. Der Wert und die Wahrheit der Heiligen Schrift gründen in Gottes eigener Autorität und hängen nicht von denen ab, die sie benutzen oder missbrauchen, ob Freund oder Feind. Das sagen wir allen, aber vor allem denen, die aus Verärgerung über den Missbrauch der Bibel im aktuellen Konflikt so weit gehen, zu behaupten, das Alte Testament sei nichts weiter als eine von den Vorfahren des jüdischen Volkes zusammengestellte Geschichte und dieses Buch hätte nichts mit den Offenbarungsbüchern zu tun. Das wäre erstens eine Weigerung, einen Teil der geoffenbarten Bücher anzuerkennen und damit eine Leugnung des Wortes Gottes. Zweitens würde man damit in denselben Fehler verfallen, den man den anderen vorwirft: nämlich die Bibel als kulturelles, geschichtliches Buch anzusehen, in dem eine bevorzugte Stellung eines Volkes gegenüber einem anderen ausgedrückt würde. Auf diese Weise aber würden wir die ausdrücklichen Zeugnisse der Bücher des Neuen Testaments, Jesu, der Apostel und die

Lehre der kirchlichen Tradition aufgeben und eine deformierte Idee akzeptieren, die uns von eben jenen aufgezwungen wird, die die Bibel missbrauchen." Es ist ein beeindruckender Brief, weil er durch den Rückgriff auf die biblische Exegese und das Thema der Inspiration zeigt, dass das Alte Testament auch für uns Christen Wort Gottes ist … Der Patriarch muss sich jedoch richtig mühen, den arabischen Christen zu sagen, dass es auch in ihrem Land gelesen werden kann. Auch auf das Thema Religionskriege geht er ein: „In einem Religionskrieg behauptet der Gläubige, Gewalt anzuwenden, um die Rechte Gottes zu verteidigen. Er behauptet, im Namen Gottes zu handeln, und in seinem Namen erlaubt er sich, zu zerstören und zu töten. Es ist eine Tatsache, dass Religion oft dazu dient, andere, nämlich nationale oder kulturelle Motive für einen Krieg zu verstärken. Dieses Phänomen, das sich in der Geschichte aller Religionen bis zum heutigen Tag zeigt, ähnelt bestimmten Erscheinungsformen von Gewalt im Alten Testament sehr. Gewalt wurde nicht nur zu biblischen Zeiten Gott zugeschrieben: Die gleiche Denkweise gibt es auch heute noch …"

Ich habe einige Passagen aus dem Brief des Patriarchen zitiert, um zu zeigen, wie Entgleisungen sogar im Namen der Religion und der Heiligen Schrift gerechtfertigt werden können und zu einer Quelle des Hasses und neuen Unfriedens zwischen den Völkern werden.

Von Jesus lernen

Wie hat Jesus das Böse kennengelernt, wie hat er die Sünde in ihrer dreifachen Form – individuell, kollektiv, in Gedankengebäuden erlebt? Und was bedeutet das für uns?

Jesus hat es allmählich kennengelernt, in dem Maße, wie er es real erlebte, wie es über ihm und denen, die er liebte, schwebte. Ein abstraktes Wissen über das Böse, das Gottes Zorn hervorruft, hatte er von Anfang an, aber nach und nach sah er, wie es sich in menschlichem Verrat, in Unehrlichkeit und in all den Formen des Missbrauchs religiöser Texte konkret gegen ihn richtete, wie man ihm nachstellte und ihn zu töten trachtete. Auch Jesus hat diesen Übergang in die praktische Erfahrung am eigenen Leib durchgemacht. Auch wir müssen diese „Furt" durchqueren, um ihn und sein Heil zu erkennen. Es ist alles andere als leicht, zu merken, dass das Böse uns selbst oder uns nahestehende Menschen oder Situationen in unserem Umfeld mit seinem bösen Stachel berührt; es ist nicht leicht, zu begreifen, dass es Bosheit, Verleumdung, Schlechtigkeit gibt. Dieses Erleben kann traumatisch sein, es kann zu Depression, Misstrauen, Isolation und Rückzug führen.

Fragen wir uns deshalb: Wie reagieren wir, wenn wir konkret mit dem Bösen konfrontiert werden, wenn es uns zugefügt wird von Menschen, denen wir vertraut haben, von Gruppen, von Institutionen, von Realitäten, die wir geschätzt haben? Ich meine, dass es grundsätzlich drei mögliche Reaktionen gibt:

– Eine erste, eher instinktive, ist die harte, stoische Reaktion: Wir tun so, als wäre nichts passiert, wir leugnen oder wollen nicht wahrhaben, dass das Böse uns berührt. Doch das geht nur bis zu einem bestimmten Punkt, dann kann die Reaktion ins Gegenteil umschlagen.

– Das Gegenteil ist die tiefe Enttäuschung, die Frustration oder Flucht, mit allen sekundären Formen – etwa die Beschuldigung anderer, der völlige Verlust des Vertrauens in Menschen, Institutionen … Es ist ein gefährlicher Rückzug, der dazu führt, dass man sich versteckt, sich verbittert in sich selbst verschließt, an Leben einbüßt.

– Zwischen den beiden Extremen gibt es eine andere Reaktion, und das ist die Reaktion Jesu, der über Jerusalem *weint*. Er ist weder hart noch stoisch. Er läuft vor nichts davon, er verschließt sich nicht vor den Menschen; denn Jesus liebt sie, die sündigen Menschen, die Menschen, die Fehler machen, die ihre Fehler in Denkgebäude gießen. Er liebt sie weiterhin!

Weinen verbindet Wissen um die Wirklichkeit mit Mitgefühl, Anteilnahme, Teilhabe.

Von Jesus können wir für unser Leben, für einen wichtigen Schritt in unserem Leben lernen: *im Angesicht des Bösen, in der Desillusionierung, wenn Luftschlösser verblassen und einstürzen ..., die Sünde der Welt auf sich zu nehmen und sich mit ihm, dem Lamm Gottes zu vereinen.* Jesus weint über das Böse der Welt, hat es auf sich genommen – und ist zum „siegreichen Lamm" am Kreuz geworden.

JERUSALEM, ABENDMAHLSSAAL –
Der Hinübergang Jesu aus dieser Welt zum Vater

Jesus „wusste, dass seine Stunde gekommen war, um aus dieser Welt zum Vater hinüberzugehen" (Joh 13,1). Ich möchte wieder nach den Orten des Übergangs suchen, den „Furten" im Leben Jesu. – Jesus kündigt sein *Hinübergehen zum Vater* an, wie das Johannesevangelium uns in den Gesten und Worten des Herrn zu verstehen gibt. Jesus lebt diesen Übergang sozusagen mystisch-symbolisch, im Zeichen der Fußwaschung und im Zeichen des gereichten Brotes und Weins: Symbole, die sich aufeinander beziehen und die in die Weisung münden, zu handeln wie er, sein Tun zu aktualisieren („Handelt auch ihr, wie ich an euch gehandelt habe"; „Tut dies zu meinem Gedächtnis").

Auch andere Verse bzw. Abschnitte der Evangelien spielen auf den Heimgang Jesu zum Vater an. In Joh 13,3 heißt es: „Jesus, der wusste, dass ihm der Vater alles in die Hand gegeben hatte und dass er von Gott gekommen war und zu Gott zurückkehrte ..." (Joh 13,3). Es geht ums Kommen und Wiederkommen. Denken wir auch an Lk 9,31: Mose und Elija „erschienen in Herrlichkeit und sprachen von seinem Ende, das er in Jerusalem erfüllen sollte". Der Übergang ist ein Exodus. Im Bericht über das letzte Abendmahl ist von einem „Aufbruch" die Rede: „Der Menschensohn bricht auf, wie es beschlossen ist" (Lk 22,22). Ähnlich ist es in den drei Leidensankündigungen Jesu, in denen die Begriffe „Leiden", „Tod" und „Auferstehung" gewählt werden (lediglich in der zweiten Ankündigung bei Lukas [9,43b-45] ist das Leiden nur indirekt erwähnt).

Häufigere Anspielungen finden sich im vierten Evangelium. Sehr wichtig ist Joh 10,17, wo ein Zusammenhang mit der Hingabe des Hirten an seine „Schafe" hergestellt wird: „Deshalb liebt mich der Vater, weil ich mein Leben hingebe, um es wieder zu nehmen." Leben geben und wieder empfangen, das ist charakteristisch für den guten Hirten.

In Joh 12,23-25 wird der Übergang verglichen mit dem Weg des Weizenkorns, das in die Erde fällt, stirbt und gerade so Frucht bringt: „Die Stunde ist gekommen, dass der Menschensohn verherrlicht wird. Amen, amen, ich sage euch: Wenn das Weizenkorn nicht in die Erde fällt und stirbt, bleibt es allein; wenn es aber stirbt, bringt es reiche Frucht. Wer sein Leben liebt, verliert es, wer aber sein Leben in dieser Welt gering achtet, wird es bewahren bis ins ewige Leben."

Das Thema kehrt in Joh 17 wieder: „Jetzt komme ich zu euch und rede dies noch in der Welt …" Und schließlich sagt Jesus nach seiner Auferstehung der Maria Magdalena: „Geh zu meinen Brüdern und sag ihnen: ‚Ich gehe hinauf zu meinem Vater und eurem Vater, zu meinem Gott und eurem Gott'" (Joh 20,17b).

Ich fasse zusammen: „Von der Welt zum Vater hinübergehen" bedeutet, die irdische Erfahrung abzuschließen, den Exodus aus der Sklaverei in die Freiheit zu vollziehen, wie der Same zu sterben, um aufzuerstehen. Andere Bilder sind das vom Leben-Geben und erneuten Empfangen sowie das vom Martyrium, vom heldenhaften Opfer des eigenen Lebens. Auch Begriffe wie Erniedrigung und Verherrlichung werden verwendet, Übergang aus der Niedrigkeit zur Herrlichkeit. Mir scheint, dass all diese Metaphern unterstreichen: Der entscheidende Übergang der menschlichen Existenz ist nicht so sehr der biologische Tod, entscheidend ist vielmehr, das eigene Leben als Ganzes in die Hand zu nehmen, um es in einer symbolischen Geste „auf den Altar" zu legen, es Gott, dem Vater, als Ganzes zu übergeben. Jesus tut dies in einer Geste, die nicht nur den Augenblick seines Todes, seine erlösende Hingabe am Kreuz, vorwegnimmt sondern zugleich die Synthese seines ganzen Lebens ist und dessen Intention in höchster Dichte zum Ausdruck bringt.

Es ist *die* grundlegende Option, die Entscheidung, alles Gott zu übergeben, ihm zu schenken.

Es ist das, was in den *Exerzitien* des Ignatius von Loyola im Gebet der abschließenden „Betrachtung zur Erlangung der Liebe" so ausgedrückt wird: „Nimm dir, Herr, und übernimm meine ganze Freiheit, mein Gedächtnis, meinen Verstand."

Mit dieser Option werden die Fragmente unseres Lebens gesammelt und verbunden mit Jesu Übergang zum Vater, mit der Aussaat des Samens in die Erde, mit der Lebenshingabe des Hirten. Der gute Hirte vollzieht den Übergang dergestalt, *dass er sein Leben für die Schafe hingibt.* Jesus ist dieser Hirte.

Wir vollziehen den Übergang in der Entscheidung, unser ganzes Leben ungeteilt Gott zu übergeben.

Das Zeichen der Fußwaschung

Der Abschnitt von der Fußwaschung (Joh 13,1-17) liegt mir sehr am Herzen; er ist in meinen Hirtenstab eingraviert! Diese Episode markiert den Übergang Jesu zum Vater. Das Schlüsselwort ist wahrscheinlich Vers 14: „Wenn nun ich, der Herr und Meister, euch die Füße gewaschen habe, dann müsst auch ihr einander die Füße waschen." Es ist der „Übergang" vom Herrn zum Diener, vom Meister zum Geringsten unter den Jüngern. Ein Übergang, der auch in der Gabe des

Lebens enthalten ist, aber hier präzisiert wird als Leben geben in der Gestalt der Demut und des Dienens, Leben geben im Geist des Dienens. Durch die schlichte, symbolträchtige Geste der Fußwaschung erklärt Jesus seinen festen Willen zu dienen – bis hin zum Sterben aus Liebe zu den Menschen.

Das Zeichen der Eucharistie

Auf welchen „Übergang" weist das Zeichen von Brot und Wein hin, das Jesus im Abendmahlssaal gesetzt hat?

Jesus bricht das Brot und reicht es den Jüngern mit den Worten: „Das ist mein Leib, der für euch hingegeben wird. Tut dies zu meinem Gedächtnis" (Lk 22,19; das Wort erinnert an die Aufforderung Jesu in Joh 13,14, so zu handeln wie er). Dann nimmt er den Kelch und sagt: „Dieser Kelch ist der neue Bund in meinem Blut, das für euch vergossen wird" (Lk 22,20). Danach betont er: „Der Menschensohn muss den Weg gehen, der ihm bestimmt ist" (Lk 22,22).

Es ist nicht leicht zu verstehen, aus welchem Blickwinkel der „Übergang zum Vater" hier in den Zeichen von Brot und Wein („mein Leib", „mein Blut") betrachtet wird. Es ist so etwas wie ein synthetisches Symbol für Jesu Wesen: Er ist *der hingegebene Sohn*.

Wenn wir auf die spezifischen Zeichen achten, glaube ich, dass wir hier Jesus auch als „Priester", der selbst zum Opfer wird, erkennen können. Im Alten Testament sind Brot und Wein einfach zwei Materialien, die als solche eine Opfergabe sind und „außerhalb" der Person des Priesters stehen. Jesus hingegen opfert sich selbst unter den beiden Zeichen, was in Joh 13,1b so kommentiert wird: „Da er die Seinen, die in der Welt waren, liebte, liebte er sie bis zum Ende." Er nimmt die „Sünde der Welt" auf sich, lässt sich zermalmen, um sie in seinem Leib und Blut zu erlösen.

In der Eucharistie haben wir so die Konzentration aller Geheimnisse der Erlösung. Der Abendmahlssaal bildet gewissermaßen mit Getsemani („Nicht mein, sondern dein Wille geschehe") und Golgota („In deine Hände befehle ich meinen Geist") das Dreieck jener heiligen Geografie des christlichen Mysteriums. Sie sind zusammenzusehen und erhellen sich gegenseitig; es ist die geschichtliche Offenbarung des dreifaltigen Gottes in Christus. Vom Abendmahlssaal über Getsemani bis zum Kreuz vollzieht sich die endgültige Offenbarung der Liebe des Vaters, die dann in der Auferstehung zum Ausdruck kommt.

JERUSALEM, GETSEMANI –
Die Notwendigkeit der Prüfung

Jeder dieser Orte, dieser Punkte in dem „heiligen Dreieck" offenbart den gekreuzigten Gott und ist gekennzeichnet durch den Moment der Trauer und den Moment der Freude:

der Abendmahlssaal als Ort des letzten Abendmahls und des Pfingstgeschehens;

der Kalvarienberg als Ort der Kreuzigung und des leeren Grabes mit der Verkündigung des Auferstandenen;

der Ölberg als Ort des Todeskampfs und der Himmelfahrt Jesu.

Wie auch immer wir in das Geheimnis des heiligen Dreiecks eindringen, wir finden Licht und Dunkelheit, Donner und Blitz, Nebel und Lichtschimmer.

Die Prüfungen Jesu

Jesus spricht oft von seinen Prüfungen, er scheut sich nicht, das Wort zu benutzen: „Ihr aber habt in meinen Prüfungen bei mir ausgeharrt" (Lk 22,28). Die Versuchungen oder Prüfungen werden von Beginn seines öffentlichen Lebens an betont, und am Ende der Prüfungen in der Wüste stellt Lukas fest: „Nach diesen Versuchungen ließ der Teufel für eine gewisse Zeit von ihm ab" (Lk 4,13).

Jesus ermahnt seine Jünger zu beten: „Lass uns nicht in Versuchung geraten" (Lk 11,4), als ob er uns zeigen wollte, dass die Prüfung immer auf der Lauer liegt. Die Aufforderung zum Gebet wird wiederholt: „Betet, dass ihr nicht in Versuchung geratet" (Lk 22,40); und als Jesus aufsteht und zu den Jüngern geht, sagt er ihnen abermals: „Wie könnt ihr schlafen? Steht auf und *betet, damit ihr nicht in Versuchung geratet*" (Lk 22,46). Jesus betrachtet die Prüfungen als wichtige, ernste, gefährliche Momente. Er selbst betet in Getsemani: „Vater, wenn du willst, nimm diesen Kelch von mir. Aber nicht mein Wille, sondern dein Wille soll geschehen" (Lk 22,42).

Was ist das Ziel, die Bedeutung dieses Gebets des Herrn? Es bleibt im Geheimnis Gottes verborgen; wir ringen darum, die Bedeutung zu erfassen. Sicherlich gibt uns der Autor des Hebräerbriefs einen Einblick, wenn er über Jesus sagt: „Er hat in den Tagen seines irdischen Lebens mit lautem Schreien und unter Tränen Gebete und Bitten vor den gebracht, der ihn aus dem Tod retten konnte, und er ist erhört worden aufgrund seiner Gottesfurcht" (5,7). Es waren Bitten, die er vom Kreuz aus vorbrachte, die er aber auch hier in Getsemani, auf dem Boden unter den Ölbäumen kniend, in der Nacht zum Himmel emporschickte.

Worum bat Jesus, was wurde ihm gewährt? Wenn wir über den Text des Hebräerbriefs und gleichzeitig über die Passagen in den Evangelien nachdenken, verstehen wir, dass es nicht um die Befreiung vom Tod geht (tatsächlich wurde er davon nicht befreit); er selbst bekräftigt ja, dass er dazu gekommen sei, sein Leben hinzugeben: „Dazu bin ich in diese Stunde gekommen!" (Joh 12,27). Vielmehr bittet Jesus um Befreiung von der Angst vor dem Tod, von der Abneigung gegen den Tod, er bittet um Befreiung von all den gefühlsmäßigen Blockaden, wie sie von den Synoptikern (Markus, Matthias und Lukas) formuliert werden: Matthäus spricht von „Traurigkeit und Angst" (26,37f); Markus von „Furcht und

Angst" (14,33); Lukas von Angst und Schweiß, der wie „Blutstropfen" geworden ist (22,44) – lauter negative Gefühle, die zur Versuchung führen. Es ist nicht der Tod selbst, der Angst macht, denn dieser ist bereits in Gottes Plan enthalten, er wurde bereits akzeptiert, sondern es sind diese Wellen der Abneigung, der Melancholie, der tiefen Frustration, des Widerstands, die die Seele zerbrechen und am Weitergehen hindern. Das ist die Prüfung, die Versuchung: der Schrecken, die Furcht, die Angst, all die Formen menschlicher Emotionen, die das Handeln zu blockieren drohen und Menschen dazu bringen, gegen das Geheimnis Gottes zu rebellieren und *Nein* zu sagen.

In dieser schweren Prüfung wird Jesus getröstet, wie Lukas uns versichert; er wird erhört, wie der Verfasser des Hebräerbriefs feststellt. Und so überwindet er die Traurigkeit und siegt.

Für welchen „Übergang" steht die Prüfung?

Die Prüfung, die Versuchung zum Nein, zum inneren Widerstand, zur Rebellion, zum Wunsch, dem Geheimnis der Erlösung zu entkommen, markiert einen absolut notwendigen Übergang hin zum wirklichen „Erwachsen-Werden".

Es ist der Punkt, an dem der Mensch die Larve der Kindheit, die Träume der Jugend mit dem Wunsch nach Selbstverwirklichung abstreift und sich Gottes Plan in seiner ganzen Klarheit stellt. Es ist, als würde der Same nun akzeptieren, im Erdreich zu sterben, um aus der Erde neu aufkeimen und aufblühen zu können. Jesus selbst ist mit seinem Leben das Realsymbol dieses Übergangs, er verkörpert die Überwindung allen Sträubens und allen Widerwillens im vollen Ja zum Willen des Vaters.

Es ist der Übergang, der auch die Jüngerinnen und Jünger erwartet. Er ist für ihren Dienst unabdingbar. Er mag uns in Etappen erwarten, aber wir müssen immer auf den kraftvollen, entscheidenden Moment im Leben Jesu schauen, den er hier in Getsemani durch Anbetung und durch sein flehentliches Gebet in seiner Agonie und Angst bestanden hat.

Die Apostel, vor allem Petrus, Jakobus und Johannes, lernen, dass Momente des Widerstrebens und des Grauens nicht von selbst vergehen und nicht aus eigener Kraft überwunden werden, sondern – wie Jesus es von Anfang an tut – im Anerkennen der eigenen Schwäche („Meine Seele ist betrübt") und in der Bitte um Hilfe („Bleibt hier und wachet mit mir"). Jesus selbst nennt den Grund, weshalb er das Gebet und Hilfe braucht: „Der Geist ist willig, aber das Fleisch ist schwach" (Mt 26,41). Der Geist sieht, versteht den Weg, aber das Fleisch hat nicht die Kraft dazu. Es ist das beharrliche Gebet, praktiziert in der Gemeinschaft mit denen, die mit diesem Geheimnis verbunden sind, das einem ermöglicht, den Weg Gottes zu gehen.

JERUSALEM, HEILIGES GRAB –
Das Geschenk der Öffnung des Geistes

Das Geheimnis verstehen

Johannes gibt uns im 19. Kapitel seines Evangeliums zwei Schlüssel zu einem Gesamtverständnis des Geheimnisses, denen das Wort vorangestellt ist: „… damit auch ihr glaubt" (Joh 19,35); er wünscht uns jenen Anstoß zu glauben, den er selbst erlebt hat und dann eng mit dem leeren Grab verband.

In der Grabeskirche ist das Äußere nur bis zu einem bestimmten Punkt aussagekräftig, es ist auch verwirrend, kann ablenken; hier überschneiden sich verschiedene Stimmen. Wir brauchen einen Sprung des Glaubens, eine Gnade, die nur der Herr gewähren kann.

Was bedeutet es, zu sehen oder zu glauben?

Der Evangelist antwortet mit einem ersten Zitat: „Man soll an ihm kein Gebein zerbrechen", damit „die Schrift erfüllt wird" (Joh 19,36). Es ist ein eindeutiger Verweis auf das Paschalamm des Exodus (vgl. Ex 12,46: „Ihr sollt keinen Knochen des Paschalammes zerbrechen"). Wir befinden uns also im neuen Exodus; der Übergang von der Sklaverei in die Freiheit ist vollzogen. Und das Lamm, Zeichen und Unterpfand dieses Übergangs, ist jenes „Lamm", das die Sünde der Welt wegnimmt, wie Johannes zu Beginn seines Evangeliums schreibt. Hier also wird die Sünde der Welt beseitigt, hier wird die Sklaverei der Sünde abgeschafft. Wir werden in die Freiheit zurückgeführt; dank des Opferlammes verändert sich unser Schicksal und das der Menschheit.

Ein zweites Zitat: „Sie werden auf den blicken, den sie durchbohrt haben" (19,37). Wir werden hier auf mehrere Schriftstellen verwiesen, etwa auf eine Stelle beim Propheten Sacharja. Da verheißt der Herr, er werde „den Geist des Mitleids und des Gebets ausgießen, und sie werden auf den schauen, den sie durchbohrt haben" (Sach 12,10). Für Johannes ist es der gekreuzigte Jesus.

Die Prophezeiung wird verständlicher, wenn wir sie im Buch der Offenbarung lesen: „Siehe, er kommt mit den Wolken und jedes Auge wird ihn sehen, auch alle, die ihn durchbohrt haben, und alle Völker der Erde werden sich vor ihm an die Brust schlagen" (Offb 1,7). Der Kontext ist die Rettung Israels und der ganzen Welt – und zwar durch diesen Jesus, der mit einer Lanze durchbohrt wurde. Auf diese Erlösung werden alle Augen gerichtet sein.

Der Evangelist Johannes lädt uns ein, die Herrlichkeit Gottes zu betrachten, von der er im Prolog sagt: „Wir haben seine Herrlichkeit gesehen, die Herrlichkeit des einzigen Sohnes vom Vater, voll Gnade und Wahrheit" (1,14). Das Blut und das Wasser, die aus der durchbohrten Seite Jesu fließen, stehen für die Fülle der Gnade und der Wahrheit, für das Leben, das dem Tod entströmt, für die Verbindung von Tod und Leben, für die Fülle des Lebens, die aus Jesu geheimnisvoll-grausamem Tod hervorgeht. Im Licht des Glaubens schauen wir die Herrlichkeit Gottes, sein rettendes Wirken in Christus. Und wir begreifen, dass diese Schau, dieses Begreifen nicht Frucht unseres Nachdenkens ist, sondern ein Geschenk des Glaubens.

Die Öffnung unseres Geistes für eine neue Sicht

Erbitten wir von Gott die Gnade der Zusammenschau, des kontemplativen Erfassens dieser einen großen Wirklichkeit. Sie entspricht der Gabe, von der am Ende des Lukasevangeliums die Rede ist: „Das sind meine Worte, die ich zu euch gesprochen habe, als ich noch bei euch war: Alles muss in Erfüllung gehen, was im Gesetz des Mose, bei den Propheten und in den Psalmen über mich geschrieben steht. Darauf öffnete er ihren Sinn für das Verständnis der Schriften" (Lk 24,44f).

Diese „Öffnung des Geistes" ist das Geschenk, das der geliebte Jünger am Fuß des Kreuzes erhält und um das wir demütig im Gebet bitten. Johannes wird unter dem Kreuz der Übergang von einer rein äußerlichen hin zu einer neuen, tiefen Sicht geschenkt. Ihm werden die Augen geöffnet, sodass er in dem durchbohrten Gekreuzigten die Erfüllung der Heiligen Schrift und das Zentrum der Geschichte sehen kann.

Diese Öffnung des Geistes ist nicht einfach eine intellektuelle Gabe. So wichtig es ist, Schriftstellen zu kennen, heranzuziehen und miteinander zu vergleichen – dies allein verhilft uns zu jener tiefen, weisheitlichen Sicht. Unsere blinden Augen wollen geöffnet, unser verhärtetes Herz will gelöst werden. Es ist eine Gabe, eine Gnade, ein Geschenk des Geistes, der aus dem Herzen des Gekreuzigten strömt und auf uns ausgegossen wird.

II

Jerusalem, Stadt zwischen Erde und Himmel

Gemeinsam im Glauben gehen

Aus der Botschaft von Carlo M. Martini
zu Beginn seines bischöflichen Dienstes in Mailand

Der Stil dieser „Antrittsbotschaft" mag vielleicht ungewöhnlich erscheinen. Es handelt sich nämlich nicht um eine Botschaft im engeren Sinne, d. h. um eine Verkündigung von Grundsätzen, die ohnehin nichts anderes beinhalten kann als den erneuten Hinweis auf den zentralen Inhalt des christlichen Glaubens – Jesus, der gestorben und auferstanden ist, die Erlösung der Menschen: „Christus ist derselbe gestern, heute und in Ewigkeit" (Hebr 13,8).

Ich werde vielmehr etwas über meine Gefühle, meine Beweggründe und meine Erwartungen sagen, wenn ich als Hirte der Erzdiözese Mailand zu euch komme.

Das erste Gefühl ist: Freude und Dankbarkeit, teilhaben zu dürfen am Reichtum dieser Kirche. Einem Reichtum, der kein abstraktes oder allgemeines Gut ist, sondern heute durch den gelebten Glauben, das Gebet, die Herzlichkeit, den Opfergeist, die Geschwisterlichkeit und die Freundschaft der zahllosen Männer und Frauen gegeben ist, die zu mir kommen und kommen werden, bereit, aufrichtig geistliche Gaben auszutauschen.

Diese Gefühle der Freude und Dankbarkeit sind begleitet von einer grundlegenden Gelassenheit, die nicht auf einfachem, naivem Optimismus beruht oder auf einem Verschließen der Augen vor den ernsten und schmerzhaften Entwicklungen in unserer Gesellschaft, sondern auf den Beweggründen, die mich dazu bringen, zu euch zu kommen und mein Leben mit eurem zu verbinden. Man könnte sie in den Worten zusammenfassen, die der Verfasser des Hebräerbriefs Jesus in den Mund legt: „Siehe, ich komme – so steht es über mich in der Buchrolle –, um deinen Willen, Gott, zu tun" (Hebr 10,7). Und diesen Gehorsam möchte ich „mit Freude und nicht mit Seufzen" (Hebr 13,17) leisten.

Die Gnade des Sakraments [die Bischofsweihe] hat meine Existenz untrennbar mit der Verkündigung des Evangeliums und dem Dienst an der Kirche verbunden, besonders an dieser besonderen Kirche. Ich bin eng mit Christus, dem Hirten, verbunden, der sein Leben für seine Schafe hingibt (Joh 10,15), mit Jesus, der sagte: „Das ist mein Gebot, dass ihr einander liebt, so wie ich euch geliebt habe. Es gibt keine größere Liebe, als wenn einer sein Leben für seine Freunde hingibt" (Joh 15,12f). All das gibt unseren tagtäglichen Erfahrungen ihre tiefe, frohmachende Bedeutung, selbst wenn sie manchmal monoton, ja banal erscheinen könnten und manchmal sehr schwer sind oder Ängste auslösen. Hinter all dem liegt der grundlegende Sinn unseres Lebens, der im Leben Christi selbst liegt, das uns in der Taufe geschenkt wurde, in seiner Gerechtigkeit und Liebe. Diese wollen in uns zum Zug kommen, indem wir für unsere Brüder und Schwestern da sind; seine Liebe möchte all unseren so unterschiedlichen Erfahrungen und Begegnungen einen anderen, freudigen Sinn geben.

Diese Erfahrungen gemeinsam zu leben, sie im Lobpreis und in der Liturgie zum Ausdruck zu bringen, sie durch das sakramentale Leben in uns zu fördern und sie einander im Geist des Glaubens zuzusprechen, macht jene christliche Vitalität aus und fördert sie, von der Paulus im Kolosserbrief schreibt: „Das Wort Christi wohne mit seinem ganzen Reichtum bei euch. In aller Weisheit belehrt und ermahnt einander! Singt Gott von Herzen und mit Dankbarkeit Psalmen, Hymnen und geistliche Lieder in Dankbarkeit in euren Herzen! Alles, was ihr in Wort oder Tat tut, geschehe im Namen Jesu, des Herrn. Dankt dem Vater durch ihn" (Kol 3,16f).

So findet man Geschmack daran, den Menschen in all ihren Bedürfnissen zu dienen, von den konkretesten und offensichtlichsten – denen nach Nahrung, Arbeit, einer Wohnung – bis zu den tiefen, lebenswichtigsten, wie dem Bedürfnis nach Zuneigung und Freundschaft. Und was kann ich erwarten? Natürlich wünsche ich mir eine Resonanz in euren Herzen auf den Dialog des Glaubens, die Ausdruck findet in Worten und Gesten, im gemeinsamen Gebet und in Begegnungen. Ich will aber nicht verschweigen, dass die Situationen, in denen wir arbeiten sollen, komplex und schwierig sind. Vieles hängt nicht nur von uns oder unserem guten Willen ab … Wir müssen mit Hindernissen rechnen, doch diese halten den Weg des Gotteswortes nicht auf. Im Gegenteil. Wir wissen, dass das Evangelium von Anfang an in dramatischen und verwirrenden Situationen verkündet wurde. Jesus wirkte in einer Zeit und in einem Land voller Missverständnisse, und er bezahlte mit seinem Leben für seinen Mut, das Wort Gottes unter solchen Umständen zu predigen: Nichts kann dem Wort Gottes im Weg stehen. Der auferstandene Jesus lebt in uns und verkündet weiterhin sein Evangelium in uns … Der Geist verwandelt unser Leben und befähigt uns, die Wahrheit des Evangeliums so sehr zu lieben, dass wir aus Liebe zum Evangelium sogar die Angst vor dem Versagen beiseite schieben. Nur aus einem solchen befreiten Herzen heraus ist es möglich, Gerechtigkeit in vollem Umfang zu praktizieren, auch diejenigen zu lieben, die uns nicht lieben, diejenigen zu grüßen, die uns nicht grüßen, Beleidigungen zu vergeben und für diejenigen zu beten, die uns nicht verstehen oder die sich uns widersetzen. Es ist diese Wahrheit des Evangeliums, die uns von der „Verschmutzung" durch Besitzdenken, Ehrgeiz und Stolz befreit und uns befähigt, unseren Brüdern und Schwestern prompt und selbstlos zu dienen.

Schließlich dürfen wir nicht vergessen, dass jedes Problem unserer Erzdiözese mit so vielen anderen Problemen verbunden ist, die Männer und Frauen in allen Teilen der Welt betreffen. Bei dem Bemühen, lokale Probleme zu lösen, müssen wir daher die universellen Situationen von Armut, Ungerechtigkeit und Leid bedenken, in denen sich unzählige Brüder und Schwestern in allen Teilen der Welt befinden … Ich nenne vor allem den Nahen Osten und an erster Stelle das Land, das durch die Gegenwart des Herrn geheiligt ist, und darüber hinaus die Völker Asiens, Indiens und Chinas … Weiten wir unseren Blick auf die neuen Erfahrungen, die die Menschheit machen wird, auf Erfahrungen einer tieferen Gottes- und Menschenkenntnis, aus denen der Sinn der Existenz eines jeden Menschen und die Notwendigkeit der Einheit in der Menschheitsfamilie klarer werden.

Ich schließe mit dieser Vision der Einheit und mit der Erwähnung von drei Städten, die mir besonders am Herzen liegen und die *Symbole und Instrumente dieser Einheit unter den Menschen* sind.

Die erste Stadt ist *Jerusalem*, wie die Bibel sie uns in ihrer Geschichte und in ihrer Zukunft vorstellt, als Versammlungsort für alle Völker, in der Vision des Jerusalems, das vom Himmel kommt. Zu dieser universellen Bürgerschaft, in der sich die Herrlichkeit Gottes und die Gegenwart seines Christus manifestieren, sind alle Männer und Frauen dieser Welt gerufen: sich als Brüder und Schwestern und Teil eines universellen Heilsplans zu erkennen, der uns alle in der lebendigen Realität des Leibes des auferstandenen Christus vereint. Jeder strebt bewusst oder unbewusst nach dieser endgültigen, wiederentdeckten Geschwisterlichkeit.

Die Stadt *Rom* spielt in der Geschichte eine ganz besondere Rolle. Als Stuhl Petri ist Rom das Zeichen und das konkrete Instrument der Einheit aller Katholiken, und viele andere Christgläubige blicken mit wachsendem Vertrauen auf ihn … Jesus Christus hat dem Papst sein besonderes Charisma ja zum Dienst an der ganzen Menschheit verliehen.

Aber auch die dritte Stadt, unser *Mailand*, hat in diesem Zusammenhang eine wichtige verbindende Funktion. In den ersten Jahrhunderten der Kirche war Mailand ein Treffpunkt für Theologie und Spiritualität aus Ost und West. Der heilige Ambrosius machte die großen biblischen und theologischen Erkenntnisse von Origenes, Basilius, Gregor von Nazianz und Gregor von Nyssa bekannt und passte sie an die Mentalität seiner Zeit an. Die ambrosianische Liturgie mit ihrem Reichtum an Gebeten und Melodien vermittelt uns immer noch das Echo dieser glücklichen Verschmelzung zweier intensiver geistiger Strömungen. Später fungierte Mailand vor allem als Zentrum des Austauschs und der Begegnung zwischen den geistigen und praktischen Impulsen aus Nordeuropa und der Lebens- und Denkweise der Mittelmeervölker. Diese Funktion als Ort, an dem unterschiedliche Mentalitäten, Kulturen, Lebensweisen und Aktivitäten aufeinandertreffen und bewertet werden, bleibt für die Zukunft und das Gleichgewicht Europas unerlässlich, das weiterhin seine kreative und kommunikative Kraft für die anderen Regionen der Welt entfalten muss. Nur auf der Grundlage einer universellen Sichtweise, die in der Lage ist, jede einzelne Situation im Kontext eines viel umfassenderen und letztlich kosmischen Bildes der Menschheit zu beurteilen, ist es möglich, mit Gelassenheit und Ausgewogenheit all das zu erkennen, was in Bezug auf die Lebensqualität, die Erhaltung und Verbesserung der Umwelt, die kulturelle Förderung und das gegenseitige Verständnis aller Menschen dringend und effektiv getan werden muss.

Jerusalem:
Geschichte, Geheimnis, Prophetie

Wie kann man über Jerusalem sprechen? Über „Jerusalem, dessen Name", so Chateaubriand in seiner *Reiseroute von Paris nach Jerusalem,* „derart viele Geheimnisse heraufbeschwört und die Fantasie so anregt, dass es scheint, alles müsse außergewöhnlich sein in dieser außergewöhnlichen Stadt" … Ich glaube, man kann nicht von Jerusalem sprechen, ohne es zu lieben. Es mit der Liebe zu lieben, mit der David es liebte. Oder wie ein Zeitgenosse, Carlo Coccioli, es ausdrückt: „Ah! Wenn ich Jerusalem geliebt hätte …! Wenn ich es bereits geliebt habe bei einer Betrachtung von außen, so wäre ich buchstäblich verrückt geworden vor Liebe, ja verrückt vor Liebe, sobald ich seine unbeschreibliche Schönheit von innen beurteilt hätte. Sicherlich gab es keine andere Stadt auf der Welt, die so begehrenswert war, ein berauschendes Echo einer spirituellen Dimension des Raumes, in dem sich der Himmel zur Erde niederbeugt und sich mit ihr vermählt. Wie könnten wir Zion, den Unvergleichlichen, nicht beneiden?" Oder, in den Worten eines *Midraschs:* „Zehn Teile Schönheit wurden der Welt vom Schöpfer gewährt, Jerusalem erhielt davon neun. Zehn Teile Wissenschaft wurden der Welt vom Schöpfer gewährt, und Jerusalem erhielt davon neun. Zehn Teile Leid wurden der Welt vom Schöpfer gegeben, und Jerusalem erhielt davon neun" …

Das „Dossier Jerusalem" ist immens: biblisch, rabbinisch, philosophisch, theologisch, literarisch …; es reicht von David über Dante Alighieri und Hegel bis zur Gegenwart. Ja, es ist ein endloses Dossier. Ich möchte eine Präsentation im fast rhapsodischen Stil vorlegen, ein Netz von Zitaten, und Wege, Fragen, Orte für die Forschung, mögliche Themen für weitere Studien aufzeigen, um diese grundlegende Frage zu beantworten: Was sagst du zu Jerusalem? Versuchen wir, das Thema um die drei genannten Linien herum zu ordnen: Geschichte, Geheimnis und Prophetie, wobei eine strenge Trennung natürlich nicht möglich ist.

GESCHICHTE

Es geht um die lebendige, so bedeutungsvolle Geschichte der Stadt, eine charakteristische, einzigartige Geschichte.

Die Orte der Präsenz

Es ist interessant festzustellen, dass sich auch die archäologische Forschung heute auf zwei Pole konzentriert: zum einen die Identifizierung der Mauern mit ihrer komplexen Geschichte und den Abfolgen der verschiedenen Einfriedungen der Stadt, zum anderen den Ort des Tempels. Diese Forschung wird nach räumlichen Modulen durchgeführt; die Mauern zeugen von der politischen Präsenz; der Tempel, Ort der Präsenz JHWHs, steht für die religiöse Dimension. Hier begegnet uns also bereits eine jener Dualitäten oder Bipolaritäten, die in so vielen Aspekten der Geschichte Jerusalems auftauchen und die man mit einem biblischen Vers veranschaulichen könnte: „Du willst mir ein Haus bauen, ich will dir ein Haus bauen" (2 Sam 7,5.11): einerseits ist da der Tempel als „räumliches Haus", andererseits das dynastische, das „zeitliche". Heschel würde sagen: „Gott zieht die Zeit dem Tempel vor, in der auch der Mensch mit ihm wohnt." Diese Dualität, in der mit der zeitlichen Dimension die stete moralische Verpflichtung zur Gerechtigkeit verknüpft ist, taucht in der prophetischen Verkündigung in der Spannung zwischen Kult und Gehorsam immer wieder auf:

„Gehorsam ist besser als Opfer" (1 Sam 15,22);
„Was soll ich mit euren vielen Schlachtopfern? Sucht das Recht"
(Jes 1,11.17; vgl. Mich 6,7-8; Hos 6,6; Ps 50).

Das Opfer, das Gott fordert, ist das des Herzens, auch wenn es schließlich wieder Opfer gibt und die Mauern wiederaufgebaut werden. Jedenfalls ist diese Dialektik in der Geschichte der Stadt ständig präsent. Der Vorrang gebührt der zeitlichen, existenziellen Dimension, der Gegenwart Gottes bei den Menschen und dem in Gerechtigkeit und Heiligkeit vor Gott wandelnden Menschen. Aber dies verdrängt nicht die räumliche Gegenwart, die Manifestation der Herrlichkeit Gottes im Tempel, der in den Mauern der Stadt wohnt; es rückt sie vielmehr ins rechte Licht. In dieser Hinsicht könnte man Salomos Überlegung als fundamental betrachten:

> „Wohnt denn Gott wirklich auf der Erde?
> Siehe, selbst der Himmel und die Himmel der Himmel fassen dich nicht,
> wie viel weniger dieses Haus,
> das ich gebaut habe" (1 Könige 8,27).

Aber kurz vorher sagt Salomo:

> „Der Herr hat gesagt,
> er werde im Wolkendunkel wohnen.
> Erbaut habe ich ein fürstliches Haus für dich,
> eine Wohnstätte für ewige Zeiten" (1 Könige 8,12f).

Der unendliche, transzendente Gott und seine Immanenz in Jerusalem

Die Beziehungen zwischen den beiden Aspekten werden im Neuen Testament deutlicher, ohne dass sie sich jedoch jemals, zumindest im Zeitraum der menschlichen Erfahrung, gegenseitig aufhöben. Einerseits akzeptiert Jesus den Tempel in seiner Funktion als „Haus des Gebets" (Mk 11,11; 15,17), andererseits sieht er sein Ende voraus (Mk 13). Auch Paulus (Apg 21,26; 24,6.12.18; 26,21) und die Urgemeinde (Apg 2,46 und 3,1) besuchen den Tempel. Aber ausgerechnet im Tempel wird Paulus später gefangen genommen, und von diesem Moment an kommt der Tempel als Ort der Gegenwart oder auch nur als Ort des Gebets in der Apostelgeschichte nicht mehr vor: Mit diesem Ort ist nun die Festnahme des Paulus verbunden. Johannes sieht in dem menschgewordenen Christus (Joh 1,14) das neue Zelt der *Shekinah („eskenosen": Er hat unter uns gewohnt, sein Zelt aufgeschlagen)*. In ihm betrachten wir die Herrlichkeit des Gottes-mit-uns. „Emmanuel", einer der Namen Jerusalems, wird nun Jesus gegeben (vgl. Mt 1,23).

Die entsprechende Vorstellung vom Leib Christi als Tempel wird in österlicher Sicht wieder aufgegriffen (Joh 2,19-22 und wahrscheinlich auch Joh 19,37: Die durchbohrte rechte Seite des Gekreuzigten kann eine Anspielung auf Sach 12,10 sein, auf das aus der rechten Seite des Tempels fließende Wasser). Es ist der Tempel, den Markus als „nicht von Menschenhand gemacht" (14,58) definiert. Auch die Kontroverse um den Tempel in Apg 7 wäre zu nennen. Das Thema wird sodann durch die Metapher der Tür in Joh 10,7-9 angedeutet: Jesus ist der Vermittler für die Gemeinschaft mit Gott, er ist das Heiligtum, in dem sich diese Gemeinschaft verwirklicht. Die alte Tür und der alte Tempel sind nun zerbrochen, der Vorhang des Tempels ist gerissen (Mk 15,38); Christus als der neue Weg zum Vater (Joh 14,6) und Zentrum der Verehrung ist „größer als der Tempel" (Mt 12,6).

Es gibt also ein neues Jerusalem, ohne einen Tempel.

„Einen Tempel sah ich nicht in der Stadt. Denn der Herr, der Herrscher über die ganze Schöpfung, ist ihr Tempel, er und das Lamm" (Offb 21,22).

Geschichtlich stehen sich diese Dualitäten gegenüber. Es ist eine Bipolarität, die gegensätzlich oder „synthetisch" verstanden wird. Sie kommt in der prophetischen Verkündigung und auch im Neuen Testament auf verschiedene Weise zum Ausdruck: hier Jerusalem als Stadt des Friedens und der Gerechtigkeit, da der treue, gegenwärtige Gott – oder auch der transzendente, abwesende Gott, der zum Richter wird …

Die Dualität in allen möglichen Varianten kennzeichnet das dramatische Geschehen an den Orten, an denen das Volk und JHWH, der Herr, präsent sind.

Die umstrittene Stadt

Jerusalems Schicksal als umstrittene Stadt begann um das Jahr 1000 v. Chr., als sie vielleicht gerade einmal zweitausend Einwohner hatte. Für etwa vier Jahrhunderte war Jerusalem aufs Ganze eine friedliche Hauptstadt, selbst inmitten von unruhigen Ereignissen. Die weitere Geschichte ist eine Abfolge von Invasionen und Eroberungen: Ägypter, Babylonier, Perser, Ptolemäer, Seleukiden, Römer, Araber, westliche Christen, ägyptische Sultane, Osmanen … – bis hin zu den jüngsten Ereignissen.

Mit dieser Geschichte im Hinterkopf schrieb André Chouraqui in seinem Buch *Vivre pour Jérusalem,* Babel sei „der monströse Triumphator der Geschichte". Er spricht vom Babel „der verheerenden Legionen, der Plünderungen und Schändungen, der Morde, aller Tode". Babel triumphiere „in all unseren Verschmutzungen", frohlocke „in den Lagerhallen, in denen Atomwaffen gehortet werden, die morgen die bewundernswerte Liturgie der Schöpfung verwüsten werden". Bei den Triumphen von Babel, sagt er, sei „Jerusalem in Ketten gelegt, blind, aber lebendig und präsent. In seiner ganzen Geschichte ist Jerusalem die Märtyrerstadt, die große Gekreuzigte". Trotz dieser dramatischen Ereignisse aller Zeiten war, ist und bleibt Jerusalem das Land der Begegnung.

Chouraqui weist darauf hin, dass Jerusalem „zentral ist für Israel, zentral für die Weltkirche, für die Heimat des Islam"; denn es stehe „an der Kreuzung, wo Asien auf Afrika trifft und sich dem Westen zuwendet". Daraus entspringt eine Hoffnung, wie wir jedes Mal erfahren, wenn wir nach Jerusalem pilgern: die Hoffnung, in dieser Stadt in jedem Menschen unseren Bruder, unsere Schwester erkennen zu können, wie Psalm 87 (V. 5 und 7) nahelegt.

„Ihr seid also jetzt nicht mehr Fremde und ohne Bürgerrecht, sondern Mitbürger der Heiligen und Hausgenossen Gottes", heißt es in Eph 2,19. Alle, die „die Oberhoheit des Gottes Israels" anerkennen, erhalten von ihm „aufgrund eines Aktes seiner Großzügigkeit das Bürgerrecht Jerusalems" und das Angebot, sich „in das Bürgerregister der Stadt" eintragen zu lassen, und sie könnten „auch von den geistlichen Ressourcen des Jahwismus profitieren (vgl. Jes 12,3)", kommentiert Jacquet. Die Vorstellung von Jerusalem als Stadt der Begegnung und universelle Heimat hat auch ein außerkanonisches *Logion* von Mohammed inspiriert: „O Jerusalem, Gottes auserwähltes Land und die Heimat seiner Diener, von deinen Mauern aus ist die Welt zur Welt geworden. O Jerusalem, der Tau, der auf dich fällt, heilt alles Böse, denn er fällt aus den Gärten des Paradieses."

Doch ist Jerusalem die Stadt der Begegnung oder der bloßen Koexistenz, des Nebeneinanders so vieler Menschen und Situationen? Der israelische Schriftsteller David Shahar hat in einem Gespräch von seinen Erfahrungen als Junge, der in Jerusalem geboren wurde, und als Mann, der in Jerusalem lebte, erzählt. Was er beschreibt, ist eine bekannte Erfahrung: „Jerusalem ist eine Welt der Koexistenz, nicht der Symbiose. Du stehst zum Beispiel am Sichem-Tor (Damaskustor) und siehst nebeneinander einen Rabbiner, der zum Beten an die Mauer geht, ein junges Mädchen im Minirock, das aus einem Kibbuz kommt, einen Muslim auf seinem Esel und dann einen griechischen Mönch. Ich würde sagen, es gibt keine gegenseitige Durchdringung. Jeder lebt in seiner eigenen Welt; es gibt nichts Gemeinsames zwischen der Welt des Rabbiners und der Welt des griechischen Mönchs: Es sind verschiedene Welten, die nebeneinander existieren. Das schafft eine Stadt mit furchtbar starken Spannungen. Ich persönlich spüre sie in allen Bereichen des Lebens. Ich spreche nicht nur von dem Krieg zwischen uns und unseren Nachbarn. Ich bin ein sehr friedlicher Mensch, und doch habe ich fünf Kriege erlebt. Ich spreche auch von der jüdischen Gemeinschaft, in der es ebenfalls eine Koexistenz, aber keine gegenseitige Durchdringung gibt. Es ist eine ständige Spannung. Spannungen zwischen Praktizierenden und Nicht-Praktizierenden; Spannungen zwischen verschiedenen Gemeinden. Es ist eine Spannung, die immer in dieser Stadt vibriert, und sie ist immer voller Krieg, diese einzigartige und universelle Stadt."

DAS GEHEIMNIS

Mit Shahars Sätzen und Fragen tauchen wir in das Geheimnis dieser Stadt ein. Was bedeuten all diese nachprüfbaren, nicht zu leugnenden historischen Realitäten, deren Zeugen wir zum Teil sind, über die wir uns freuen, wenn die negativen Aspekte durch die positiven aufgewogen werden, und die uns traurig stimmen, wenn das Gegenteil eintritt? Was bedeutet das alles in Bezug auf das Geheimnis von Frieden, Wohlstand, Freude, Gerechtigkeit und Geschwisterlichkeit, das Jerusalem mit seinem Namen verkündet? Und als Christen könnten wir uns weiter fragen: Lässt sich daraus, dass die entscheidenden Heilsereignisse (Tod und Auferstehung Jesu, bei Lukas auch Pfingsten) in Jerusalem stattfanden, etwas ableiten für die bleibende theologische Bedeutung der Stadt? Was können sie uns sagen über die schmerzlichen Situationen der Geschichte Jerusalems und die Weltgeschichte? Das Neue Testament hat auf verschiedene Weise versucht, in dieses Geheimnis von Jerusalem einzudringen. Die lukanische Sicht der Erlösung ist in dieser Hinsicht besonders reichhaltig (im Hintergrund stehen u. a. Aussagen des Propheten Sacharja): „Siehe, wir gehen nach Jerusalem hinauf, und es wird sich alles erfüllen, was bei den Propheten über den Menschensohn geschrieben steht" (Lk 18,31). Von Jerusalem als Ausgangspunkt wird das Evangelium allen Völkern verkündet werden, bis an die Enden der Erde (Lk 24,47, Apg 1,8). Jerusalem ist der neue Sinai, der Ort des neuen Gesetzes und der Geistausgießung (Apg 2). Zumindest für eine gewisse Zeit kommen die Apostel zu regelmäßigen Begegnungen, zum Austausch und für Entscheidungen nach Jerusalem zurück (Apg 15; auf seine Weise auch Gal 2).

Ab einem bestimmten Punkt hat man jedoch den Eindruck, dass die Mission des „historischen" Jerusalem für die frühe Kirche versandet ist, außer vielleicht in Form von Pilgerfahrten – bis heute: Es ist ja interessant zu beobachten, wie die Attraktivität dieser Stadt für die Christen wächst. Wie oft hört man: „Nächstes Jahr geht's nach Jerusalem!" Warum ist das so? Ist es nur eine modische Sehnsucht? Oder mehr? Eine Erwähnung verdient in dem Zusammenhang auch, dass eine Gemeinde beschnittener Judenchristen in Jerusalem sich als Erben der Urgemeinde des Jakobus versteht, die direkt mit den heiligen Wurzeln unseres Glaubens verbunden sind.[3]

All das bringt uns zum Nachdenken und wirft Fragen auf, die nicht leicht zu beantworten sind. Und genau aus dieser geheimnisvollen, beständigen Spannung – dem „historischen" Jerusalem als Schauplatz des Heilsgeschehens, man könnte auch sagen: Spannung zwischen der erlebten Realität und dem erträumten Jerusalem – entsteht in der rabbinischen wie in der christlichen Literatur eine üppige Jerusalem-Symbolik, die anknüpft an die des Alten Testaments.

---

3   Das sind die *Yehudim Meshiym* (Messianische Juden), Juden, die behaupten, den Messias gefunden zu haben, und glauben, dass er tatsächlich *Jeschua, der Sohn von Mirjam aus Nazaret*, ist. Sie glauben an ihn als Messias und Herrn (*Adon*), sie glauben an seine Auferstehung und sein Evangelium, aber sie fühlen sich keiner Kirche zugehörig, noch haben sie die Absicht, dem Judentum abzuschwören. Vgl. Francesco Rossi de Gasperis, *Un nuovo giudeocristianesimo e la sua possibile rilevanza ecclesiale*, in *Cominciando da Gerusalemme*, Piemme, Milano 1997, S. 140–183.

Verschiedene symbolträchtige Begriffe werden für Jerusalem verwendet (vgl. Misrahi): Stein, Wasser, Licht, Berg, Kraft, Freude, Braut …, Elemente, die in der späteren Literatur über Jerusalem auf unterschiedliche Weise aufgegriffen werden und jeweils eine besondere Bedeutung bekommen.

Stein nicht nur, weil die Stadt auf felsigen Hügeln liegt oder wegen ihrer typischen Steinarchitektur, sondern auch, weil die drei Zentren der Stadt mit Steinen verbunden sind: die Klagemauer, der Stein des Felsendoms, der fortgerollte Stein des Grabes. *Fels* steht (wie *Festung*) für einen festen Glauben, für Stabilität und Solidität. So schreibt ein jüdischer Autor, der Nobelpreisträger Shemuel Agnon, in seinen *Tales of Jerusalem*: „Sein Herz schmerzte; Jerusalem, die Heilige Stadt, zu verlassen, hinauszugehen, war, als würde er in die Hölle fallen. Er sagte in seinem Herzen: ‚So weit bin ich gekommen – und schon muss ich gehen, mir scheint, dass ich ein Vogel im Flug bin, der fliegt, begleitet von seinem Schatten' …"

Neben der Symbolik der Festigkeit (Jerusalem als Ort, an dem man sicher ist) gibt es die Symbolik des *Wassers*. In Psalm 46,4f heißt es:

> *„Mögen seine Wasser toben und schäumen*
> *und vor seinem Ungestüm Berge erzittern …,*
> *eines Stromes Arme erquicken die Gottesstadt,*
> *des Höchsten heilige Wohnung."*

Der Wasserreichtum wird betont, den es in Jerusalem eigentlich nicht gibt. *Die* Quelle lebendigen Wassers ist JHWH. Schon der antike jüdische Philosoph Philon hat in *De somniis* darauf hingewiesen: „Was ist das für eine Stadt, die Heilige Stadt, in der der Tempel steht, die fern vom Meer und den Flüssen gebaut ist? … In Wirklichkeit breitet sich die Welle des göttlichen Wortes, das mit Beständigkeit, Kraft und Maß fließt, durch das Universum aus und erreicht alles."

Sodann das *Licht*. Bei Jesaja ist dieses Motiv genauso grundlegend wie das des *Berges*. Jerusalem erscheint nicht nur als Stein, sondern auch als Berg, so auch in Psalm 48: „Sein heiliger Berg ragt herrlich empor, er ist die Freude der ganzen Erde" (Vers 3). Misrahi spricht deshalb sogar von Jerusalem als Symbol für Gott und umgekehrt: „Wenn Jerusalem so strahlt, dann deshalb, weil es ein Symbol für Gott ist. Wenn Gott so sehr mit Israel verbunden ist, dann deshalb, weil er das Symbol für Jerusalem ist." In Ps 18,3 wird Gott „mein Fels und meine Burg und mein Retter" genannt.

Ein weiteres Symbol für die Stadt ist das *Tor*, das „Tor der Hoffnung", das im Zusammenhang mit den zuvor angesprochenen Themen für Dynamik, für einen Durchgang steht: Fortschreiten, Betreten und Verlassen. Zugleich aber ist es auch ein Hinweis auf die Zerbrechlichkeit, auf Flucht und Exil, auf eine Überschreitung. „Jerusalem zu betreten", schreibt Misrahi, „heißt, in den Kampf für Gerechtigkeit einzutreten, Verantwortung für den Kampf zu übernehmen." Dieser „Eintritt" in den Kampf werde einen „Ausgang" haben: „Von Jerusalem wird das Gesetz ausgehen." Je nach Situation werden diese Metaphern unterschiedlich verwendet, aber sie verweisen alle auf das schier unendliche Potenzial Jerusalems, die vielen Aspekte des menschlichen *Weges* und der Beziehung des Menschen zu Gott darzustellen.

Schließlich gibt es noch die Symbolik der *Freude*: „Jerusalem, ein felsiges Plateau, ist der Ort, wo die Freude am Dasein ‚tanzt', es ist der Garten des Königs, der Garten des Seins. Eden liegt nicht im Osten, sondern in der Mitte …" (Misrahi). Man denke dabei (mit dem Hohen Lied und den Psalmen) auch an die *Brautsymbolik*.

So ist Jerusalem ein facettenreiches Geheimnis voller unterschiedlichster Bedeutungen, getaucht in Gottes rettende Gegenwart und verbunden mit allen Aspekten des Lebens, mit der tausendfältigen Suche Gottes nach dem Menschen und den zahllosen Wegen des Menschen auf Gott zu.

DIE PROPHETIE

Fragen wir uns, was Jerusalem als „Prophetie" bedeutet. Was bedeutet die endgültige Erlösung, die mit Jerusalem-Bildern dargestellt wird, für die Gegenwart und den Weg des Heils? Hier sollten wir uns an all das erinnern, was im Neuen Testament, insbesondere in der Apokalypse, über das neue Jerusalem gesagt wird, über die Stadt, die von Gott kommt. Sie ist die Quintessenz aller menschlichen Erwartungen, die Stadt, in der es kein Weinen, keine Trauer und keinen Schmerz mehr gibt; der Ort der vollkommenen Gerechtigkeit und der vollkommenen Freiheit, der Ort, an dem die Freiheit der Gläubigen zum Ausdruck kommt (vgl. auch Gal 4,25-32). Anhand einiger Zitate möchte ich kurz zeigen, wie diese Themen sowohl in der rabbinischen als auch in der christlichen Reflexion weitergeführt werden.

Schon die rabbinische Spekulation reflektiert über den offensichtlichen Dual *Jerušalayim*[4] als die doppelte Stadt in Raum und Zeit: das himmlische Jerusalem – das irdische Jerusalem; das Jerusalem jetzt – das Jerusalem später. Und man reflektierte darüber, in welchen Varianten diese Aspekte zu kombinieren seien: das eine hier unten, das andere jetzt; das eine dort oben und das andere danach … Und dies alles in unterschiedlichen Harmonien und Spannungen zwischen oben und unten, zwischen dem Vorher und dem Nachher. Der Weg des Menschen sollte also nicht als Suche nach der verlorenen Zeit oder als leere Drehung um den Kreis des Daseins verstanden werden, sondern im Übergang von einem Vorher zu einem Nachher, von einem Hier zu einem Dort, der *jedem* Moment der geschichtlichen Existenz des Menschen einen Sinn zu geben vermag.

---

4 Grammatikalisch ist es weder ein Singular noch ein Plural, sondern eine „Zweizahl".

In der christlichen Sicht finden sich viele Begriffe. Jerusalem kann das Ende des Weges und der Punkt der Ankunft sein, wie Chrysostomus in seinem Kommentar zu Psalm 47 schreibt: „Lasst uns die Stadt Jerusalem in unseren Gedanken bewahren; lasst uns sie ohne Unterlass betrachten und ihre Schönheit immer vor Augen haben. Es ist die Hauptstadt des Königs der Zeiten, in der alles unveränderlich ist, in der nichts vergeht, in der alle Schönheit unvergänglich ist. Lasst uns darüber nachdenken, damit wir jeden Tag liebevoller mit unseren Brüdern und Schwestern umgehen und so das Himmelreich erben."

Dieses Bild des endzeitlichen Jerusalem, das zahlreiche Vorwegnahmen auf dem Weg des Gottesvolkes kennt, wird in der mittelalterlichen Theologie auf verschiedene Weise ausgedrückt. Zion bezeichne, so Rhabanus Maurus, „die Kirche der gläubigen Seelen oder die himmlische Heimat. Nach der Geschichte bezeichnet es das Volk der Juden oder Jerusalem, nach der Allegorie ist es die heilige Kirche, nach der Analogie ist es die himmlische Heimat". Es ist eine dreifache Unterscheidung in Anlehnung an die Vorstellung vom dreifachen Sinn der Heiligen Schrift.

Thomas von Aquin stellt in seinem Kommentar zu Psalm 45 ein anderes duales Schema vor: „Die Stadt Gottes ist zweifach, die eine irdisch, das heißt, das irdische Jerusalem, die andere geistlich, das heißt, das himmlische Jerusalem. Im Alten Testament wurden die Menschen zu Bürgern der irdischen Stadt gemacht, im Neuen Testament [zu Bürgern] der himmlischen Stadt." Hier wird der Diskurs komplexer und schwieriger. Schon vor dem heiligen Thomas hatte der heilige Augustinus versucht, ihn an die Komplexität der Geschichte anzupassen, wobei die irdische Stadt und die himmlische Stadt in einer Art realisierter Eschatologie aufeinandertreffen. Deshalb haben die beiden Städte unterschiedliche Namen: Babylon ist die irdische, Jerusalem die himmlische Stadt. Dies findet sich ja auch schon im Buch der Offenbarung.

Augustinus spricht in *De Civitate Dei* über die Wallfahrtspsalmen (Psalmen 120 bis 134) und sieht Jerusalem als Endpunkt der gesamten menschlichen Existenz: „Ihr wisst, meine Brüder, dass ein Wallfahrtslied nur ein Lied unseres Aufstiegs ist und dass dieser Aufstieg nicht mit unseren Füßen, sondern mit dem Impuls unseres Herzens erfolgt. Darum lasst uns laufen, meine Brüder, lasst uns laufen! Wir gehen zum Haus des Herrn. Lasst uns laufen, lasst uns nicht müde werden, denn wir werden dort ankommen, wo es keine Müdigkeit mehr gibt." Jerusalem zieht unwillkürlich und immerfort an – als Ziel, als Motivation für den Weg, als Schlüssel für die Interpretation der Rätsel der Geschichte und der komplexen historischen Spannungen.

Von daher ergibt sich eine letzte Überlegung: Jerusalem als Aufgabe, als Herausforderung.

Die zu Beginn aufgeworfene Frage nach dem Einfluss der endgültigen Erlösung, die mit Bildern von Jerusalem dargestellt wird, auf die Gegenwart des Heils und den Weg des Menschen, lässt sich auch umkehren: Hat das „historische" Jerusalem eine Funktion in Bezug auf das prophetische Jerusalem? Anders gewendet: Wie kommt die geschichtliche Realität mit allem, was dazugehört, ins Spiel, wenn wir am prophetischen Jerusalem bauen …? Könnte es nicht dem Volk Gottes auf seinem Weg zugute kommen, wenn wir dem „geschichtlichen Jerusalem", seinem Schicksal und seinem Reichtum, seiner „Körperlichkeit" mehr Aufmerksamkeit schenken – als *in die Geschichte eingetauchter* „Leib Christi"? Könnte die Erinnerung an Jerusalem nicht auch ein Impuls sein, in einer umfassenderen Weise Mensch zu sein, Kirche zu sein? In diesem Sinne haben manche von anfänglichen Wunden im frühen Christentum gesprochen, die noch geheilt werden müssen, damit das Christentum sein reiches Potenzial wiederentdecken kann. Jerusalem bleibt eine Herausforderung … Pater Dubois, der als Bürger Jerusalems diese

Realität, dieses Leid und diese Sehnsüchte hautnah miterlebt, fragt sich in seinem Buch *Vigiles à Jérusalem:* „Wie können wir den Wert des Zeichens und den Wert der Realität in ein wechselseitiges Verhältnis setzen, wie können wir die historische und zeitliche Dimension mit der Dimension der Ewigkeit versöhnen? Genauer: Da Jerusalem existiert und nicht nur im Himmel ist, wie können wir dort sein, dort leben, es einnehmen, es besitzen; wie können wir dort zu Hause sein und es gleichzeitig der Welt, allen Menschen als universelle geistliche Heimat öffnen?"

Wieder stehen wir vor der Frage, die sich einem jeden stellt: Was ist für dich Jerusalem?

Das Wort in der Stadt

Zur Zeit Jesu gab es nur eine große Stadt in Palästina. Zumindest war sie die einzige, die in den Augen der Juden zählte. Sie betrachteten mit Missfallen die anderen Städte jüngeren Ursprungs und mit rein heidnischer Kultur wie Caesarea Maritima, die Verwaltungshauptstadt der Region, oder Tiberias am gleichnamigen See, eine Stadt, in die Jesus wahrscheinlich nie einen Fuß gesetzt hat.

Die Beziehung Jesu zur Stadt ist also einzig und allein mit dem Namen dieses prestigeträchtigen, uralten Ortes verbunden, den die Tradition mit Abraham und Melchisedek, mit dem Opfer Isaaks, dem Mut Davids und der Weisheit Salomos verbindet: Jerusalem.

„Wenn ich dich je vergesse, Jerusalem", sagte der Dichter, „dann soll meine rechte Hand mich vergessen. Die Zunge soll mir am Gaumen kleben, wenn ich deiner nicht mehr gedenke, wenn ich Jerusalem nicht mehr erhebe zum Gipfel meiner Freude" (Ps 137,5f).

Der Einzug Jesu in Jerusalem erhält seine Bedeutung durch die Begegnung mit dieser Stadt, die für die Juden die Stadt schlechthin war, die von den Arabern immer noch „die Heilige" genannt wird, der Stadt der Verheißung und der Hoffnung. Die synoptischen Evangelien berichten nur von einem einzigen Kontakt Jesu mit Jerusalem, nämlich in den letzten Tagen seines Lebens, und unterstreichen damit die dramatische und auch symbolische Bedeutung dieser Begegnung. Für uns heute, für die die Großstadt, die Megalopolis, so etwas wie ein Symbol für unseren Lebensstil, für die Probleme und Widersprüche unserer Zeit geworden ist, könnte diese Begegnung Jesu „mit der Stadt" eine Anfrage an unsere Lebensweise sein.

In welchem Verhältnis stehen Jesus und „die Stadt"?

Hat Jesus die Stadt verstanden? Fühlte sich die Stadt von

Jesus verstanden? Die erste Frage sollte nicht missverstanden werden. Jesus wusste sehr wohl, wie das Johannesevangelium im Zusammenhang mit seinem ersten Besuch in Jerusalem zum Passahfest anmerkt, „was im Menschen war"; er „kannte sie alle und brauchte von keinem ein Zeugnis über den Menschen" (Joh 2,23-25). Die Frage ist, *wie* er einer Stadt begegnet, von der er *weiß*, dass es dort auch Feindseligkeit und Vorurteile, Spannungen, Gewalt und Drohungen gibt, einer Stadt, die im Begriff ist, ihn zurückzuweisen.

Wie also verhält sich Jesus gegenüber der Stadt? Er betritt Jerusalem nicht ängstlich und zaghaft, nicht zurückhaltend und mit Vorsicht, sondern offen und wohlwollend, ja versöhnlich. „Fürchte dich nicht, Tochter Zion", kommentiert der Evangelist den Einzug Jesu, „siehe, dein König kommt und sitzt auf dem Fohlen einer Eselin" (Joh 12,15). Mit dem geradezu zärtlichen Ausdruck „Tochter Zion" wird die Stadt wie eine Tochter, eine Frau, die man einfach lieben muss, angesprochen. Der König tritt bescheiden und schlicht ein, so wie Salomo, der König des Friedens, ein Jahrtausend zuvor voller Hoffnung und Verheißung eingetreten war. Fürchte dich nicht, Tochter Zion, denn auch ich fürchte mich nicht vor dir, sagt Jesus gewissermaßen, ich liebe dich und komme in Liebe zu dir; hab keine Angst!

Was Jesus für seine Stadt tat, indem er sie mit Wohlwollen und Offenheit betrat, ohne Waffen und Vorurteile, das würde er, davon bin ich überzeugt, für jede unserer großen modernen Städte tun. Und er tut es auch.

Eine andere Frage ist: Fühlte sich die Stadt vom Herrn verstanden? Wie hat sie auf ihn reagiert? Im Evangelium heißt es, dass „die große Menschenmenge, die zum Fest gekommen war, als sie hörte, dass Jesus nach Jerusalem kommen würde", Palmzweige nahm und ihm mit dem Ruf entgegenging: „Hosanna! Gesegnet sei er, der kommt im Namen des Herrn, der König von Israel!" (Joh 12,12f). Wir wissen nicht, wie groß „die große Menschenmenge" in Relation zu der beträchtlichen Zahl derer war, die damals in der Stadt lebten. Die Rede ist von Menschen, die zum Fest gekommen waren; viele von ihnen kamen also auch aus Galiläa, vom Land; aber gewiss waren auch Leute aus der Stadt darunter. Und alle, die ihn bejubelten, taten dies im Namen der Stadt, die sie liebten und der sie sich durch eine tausendjährige Geschichte verbunden fühlten. Es war sozusagen die Seele eines Volkes, die Christus entgegenging. Das einfache Volk von Jerusalem, das vor Jesus mit Palm- und Olivenzweigen winkte, trank kräftig aus der Quelle der glorreichen prophetischen Traditionen Israels; sie alle waren das Volk, von dem Lukas spricht, wenn er sie als diejenigen bezeichnet, „die die Erlösung Jerusalems erwarteten" (Lk 2,38).

Jerusalem

DIE SCHAREN DES HERRN
ZIEHEN HINAUF NACH JERUSALEM
(Psalm 122)

„Lectio" von Psalm 122

Im hebräischen Text steht dieser Psalm unter der Überschrift *Lied der Aufstiege oder Stufen*, ein Titel, der fünfzehn Psalmen (von 120 bis 134) bezeichnet, die als *die Lieder der Pilgerfahrt* (nach Jerusalem) gesammelt wurden.

In der ursprünglichen Version ist Psalm 122 der erste der fünfzehn; er wird David zugeschrieben, wie auch die nächsten beiden (von den übrigen wird einer Salomo zugeschrieben, während es für die anderen keine Zuschreibung gibt). Die Zuschreibung an David, die nicht als historisch anzusehen ist, da der Psalm erst später verfasst wurde, sondern erfolgte, als die Pilgerfahrt nach Jerusalem zur Gewohnheit geworden war, hat ihren Grund. David ist ja der Gründer der Stadt. Und in Vers 5 heißt es: „… dort standen Throne für das Gericht, die Throne des Hauses David." Wenn der Psalmist von Jerusalem als einer „festgefügten" Stadt spricht, meint er wahrscheinlich die nach dem Exil wiederaufgebaute Stadt, die zum Stolz und zur Freude Israels wird. Die Zuschreibung des Psalms an David zeugt von der großen Liebe zu jener Stadt, die dieser als Hauptstadt seines Volkes erbaut hat.

Was sind die Bestandteile des Psalms?

Zunächst fällt eine Inklusion auf, das heißt, ein Wort, das am Anfang steht und am Ende wiederkehrt: das *Haus des Herrn*, die Wohnung des Herrn. „Zum Haus des Herrn wollen wir gehen" (V. 1); „Das Haus des Herrn …" (V. 9). Interessant ist, dass dazwischen nicht von diesem Haus Gottes die Rede ist, sondern von der Stadt. Jerusalem wird also zunächst vor allem als der Ort des Tempels und dann erst als die Stadt als Ganzes gesehen.

Auffällig ist die dreifache Erwähnung Jerusalems, das mit seinen Toren, Mauern und Wällen beschrieben wird (V. 2.3.6). Die Stadt wird mit drei Merkmalen umrissen und in der Du-Form angesprochen: „in *deinen* Toren", „Geborgen seien, die *dich* lieben, Friede sei in *deinen* Mauern".

Ein weiteres strukturelles Element ist die mehrfache Verbindung Jerusalems mit dem Begriff „Frieden", der gleich vier Mal vorkommt; Jerusalem wird als Ort des Friedens gesehen: „Erbittet Frieden für Jerusalem", „Friede sei mit denen, die dich lieben ...", „Friede sei in deinen Mauern ...", „In dir sei Friede ...". Das Wortspiel ist offensichtlich: „Jerusalem" wurde als „Stadt des *Schalom*", des Friedens, gedeutet: In der Stadt des Friedens soll Frieden herrschen! Bittet für die Stadt des Friedens um Frieden!

Schließlich zeichnet sich der Psalm durch weitere Wiederholungen aus, die ihm einen schönen poetischen Rhythmus verleihen: die Stämme, die Stämme des Herrn, die Throne für das Gericht, die Throne des Hauses Davids.

Auch wenn wir den Rhythmus des Originals nicht ganz erfassen können, so spüren wir doch seinen Atem, der es zu einem Gedicht, einem Lobgesang macht, der aus dem Herzen kommt und durch Rhythmen, Wiederholungen, Assonanzen (es gibt viele im hebräischen Text) eine in Jerusalem verliebte Seele zum Vorschein bringt.

Unter Berücksichtigung dieser formalen Elemente wollen wir versuchen, die logische Struktur des Psalms zu verstehen, der sich leicht nach den Etappen einer Pilgerreise unterteilen lässt.

Zunächst wird eine Pilgerreise beschlossen. Stellen wir uns vor, dass der Psalm von einer Gruppe von Pilgern gesungen wird, die vor den Toren der Stadt ankommen. Sie müssen anhalten und einige Formalitäten erledigen, die für die Einreise in die Stadt erforderlich sind. Bei ihren Überlegungen denken sie an den Beginn der Reise zurück, an den Moment, als sie beschlossen, aufzubrechen: „Ich freute mich, als man zu mir sagte: ‚Zum Haus des Herrn wollen wir gehen'" (V. 1).

Gleich danach wird die Ankunft betont: Jetzt sind wir da! „Schon stehen unsere Füße in deinen Toren, Jerusalem" (V. 2).

In Vers 3 wird Jerusalem von außen betrachtet und als fest gefügter Bau bewundert, in dem alles vereint ist. Dies ist eine Anspielung auf die Stadt auf dem Berg, die einen kompakten Eindruck vermittelt, und gleichzeitig auf ihre geistliche Festigkeit, da sie auf den Herrn gegründet ist und durch den Geist Gottes geeint.

Dann wird Jerusalem in seinen Eigenschaften und seiner Rolle betrachtet (V. 4f): als Wallfahrtsort, als Ort des Kultes, des Lobpreises, des Zeugnisses für die Herrlichkeit Gottes, als administratives und politisches Zentrum; von den „Thronen für das Gericht", den „Thronen des Hauses David" ist die Rede; seinem Haus ist Ewigkeit versprochen. Jerusalem kommt also in den Blick als religiöses und als politisch-administratives Zentrum, auf das man mit Zuversicht blickt.

Es folgt ein Gebet, bei dem man sich vorstellen kann, dass es von einem Solisten und einem Chor vorgetragen wird. Es beginnt mit Vers 6: „Erbittet Frieden für Jerusalem". Derjenige, der seine Freude ausgedrückt hat, vielleicht der Pilgerleiter, richtet diese Einladung an seine Mitpilger. Und der Chor antwortet: „Geborgen seien, die dich lieben. Friede sei in deinen Mauern, Geborgenheit in deinen Häusern" (V. 7). Der Leiter fährt dann alleine fort: „Wegen meiner Brüder und meiner Freunde will ich sagen: ‚In dir sei Friede!' Wegen des Hauses des HERRN, unseres Gottes, will ich dir Glück erflehen" (V. 8f). Hier wird Jerusalem wieder mit „Du" angesprochen, wie eine befreundete Person, die man trifft und der man Gutes, der man Frieden wünscht.

Die vermutliche Entstehungszeit des Psalms wurde schon erwähnt: Es ist wohl die Zeit nach dem Exil, als der Tempel wieder aufgebaut ist und das Volk zur Heiligen Stadt pilgert, dem einzigen verbliebenen Symbol der Einheit Israels.

„Meditatio" über Psalm 122

Für eine Relecture des Psalms gibt es mehrere Ansätze. Ich habe drei ausgewählt: eine historisch-existenzielle (messianische) Lesart, eine spezifisch christliche Lesart und eine dritte, ganz persönliche Lesart.

In einer historisch-existenziellen Lesart fällt das Augenmerk auf zwei große Symbole des menschlichen Weges, die den Psalm als bedeutsam für alle Zeiten, alle Orte und Kulturen erweisen.

Da ist zum einen das Symbol der *Pilgerreise*, ein Symbol für den menschlichen Weg, für das Leben des Menschen und der Menschheit. So verstanden ist das menschliche Leben kein zielloses Umherwandern, keine hoffnungslose Flucht aus dem Paradies, sondern ein Weg zu einem guten Ziel. Das ist eine außergewöhnliche Öffnung; sie lässt uns die menschliche Existenz als eine Realität wahrnehmen, die einen präzisen Sinn hat. Wo erkannt wird, dass der Weg einen Sinn und ein Ziel hat, bricht Freude aus: „Welche Freude …"

Jerusalem ist das andere Symbol, das eigentliche Ziel des Weges. Es ist ein universelles Symbol, denn es steht für die Stadt als Ort der Begegnung, als Ort vielfältiger Beziehungen, wo sich die verschiedensten Menschen treffen. Es ist die Verheißung, dass die Menschheit nicht auf eine Zerstreuung, ein verwirrtes Babel zugeht, sondern auf einen Ort, an dem sich alle treffen, einander verstehen und gegenseitige Beziehungen knüpfen werden, eine standhafte Stadt der Begegnung mit Gott, in der er gepriesen wird und wo Ordnung herrscht, weil das Gesetz eingehalten wird, wo es den Thron der Gerechtigkeit und die Sitze des Gerichts gibt. Die Menschheit bewegt sich auf einen Ort zu, an dem die Gerechtigkeit – Gottes Gerechtigkeit, nicht unsere – triumphiert. Es ist die Hoffnung der Menschheit auf Frieden und Sicherheit: „Erbittet Frieden für Jerusalem, Frieden sei in deinen Mauern, Geborgenheit in deinen Häusern." Auch wenn das Neue Testament nicht ausdrücklich Psalm 122 zitiert, so wird doch dessen Inhalt aufgegriffen. Die Menschheit wird charakterisiert durch die Sehnsucht nach einer solchen Stadt des Friedens, auf die sie zugeht in der Zuversicht, zum Ziel geführt zu werden. Es ist eine positive Sicht, ein Blick nach vorn mit vielen Konsequenzen für die Art und Weise, wie die Völker ihren Weg gehen. Dazu gehört auch eine gewisse Geduld – wohlwissend, dass es an uns liegt, die Grundlagen zu schaffen, um uns mehr und mehr auf die harmonische, vereinte Stadt zuzubewegen, die fähig ist, den Herrn zu loben und die Ordnung der Gerechtigkeit zu leben.

Eine christliche Lektüre lässt uns sofort an Jesus denken, der die Freude von Psalm 122 tief erlebt hat. Schon im Alter von zwölf Jahren hatte er ausgerufen: Welche Freude habe ich empfunden, als ich meine Eltern zu mir sagen hörte: Lasst uns zur Wohnung des Herrn gehen! Und wahrscheinlich sang er dies damals das erste Mal vor den Toren Jerusalems und dann jedes Mal, bis zu seiner letzten Reise, als er weinend dorthin aufbrach: „Wenn du doch erkannt hättest, was Frieden bringt …" So sang Jesus diesen Psalm in Freude und im Leiden, weil er sein Leiden als Teil des Weges Jerusalems und der Menschheit zum Frieden wusste.

In den apostolischen Schriften des Neuen Testaments ist das Thema der standhaften, unerschütterlichen Stadt sehr präsent. So heißt es in Eph 2,19f.22: „Ihr seid also jetzt nicht mehr Fremde und ohne Bürgerrecht, sondern Mitbürger der Heiligen und Hausgenossen Gottes. Ihr seid auf das Fundament der Apostel und Propheten gebaut … In ihm wird der ganze Bau zusammengehalten und wächst zu einem heiligen Tempel im Herrn. Durch ihn werdet auch ihr zu einer Wohnung Gottes im Geist miterbaut." Für Paulus ist es ein wichtiges Bild für das Wachstum der christlichen Gemeinde.

Das Symbol der Pilgerfahrt zu einer solchen Stadt ist besonders in Hebr 11 und 12 präsent: Abraham konnte sich auf den Weg machen und alles verlassen, denn „er wartete auf die Stadt mit den festen Grundmauern, die Gott selbst geplant und gebaut hat" (11,10); „Die, die solches sagen, geben zu erkennen, dass sie eine Heimat suchten" (11,14); „Hätten sie dabei an die Heimat gedacht, aus der sie weggezogen waren, so wäre ihnen Zeit geblieben zurückzukehren; nun aber streben sie nach einer besseren Heimat, nämlich der himmlischen. Darum schämt sich Gott ihrer nicht, er schämt sich nicht, ihr Gott genannt zu werden; denn er hat ihnen eine Stadt bereitet" (11,15f). Und dann noch einmal: „Ihr seid zur Stadt des lebendigen Gottes hinzugetreten, dem himmlischen Jerusalem" (12,22). Hier wird es direkt erwähnt: Es gehört zu den Dingen, die unerschütterlich sind und bleiben: „Es bleibt, was nicht erschüttert werden kann. Darum wollen wir dankbar sein, weil wir ein unerschütterliches Reich empfangen" (12,27f).

Der Psalm, so könnten wir zusammenfassend sagen, sieht den Menschen auf einer Reise, als Pilger auf dem Weg zu einer festen Stadt, in der Gott gepriesen wird, in der die Fülle des Friedens ist, einer Stadt, die nicht enttäuscht und für die es sich lohnt, die anderen Städte aufzugeben.

Der Gedanke an die „Scharen", an alle Stämme der Erde, die in die Stadt hinaufziehen und „Scharen des Herrn" genannt werden, findet sich dann auch in der neutestamentlichen Spiritualität. Die christliche Lesart wird so zu einer kirchlichen Lesart, wobei die Kirche nicht das Ziel, nicht die Stadt selbst ist, sondern ein Volk aus allen Völkern, das auf diese Stadt zugeht.

Wenn Israel „in Jerusalem" von deiner Herrlichkeit zeugt, Herr, wenn dort der Thron der Gerechtigkeit steht, müssen wir uns fragen lassen: Ist unser Interesse darauf gerichtet? Richten wir an dieser Stadt, an dem Land, auf das wir zugehen, unsere Urteile aus? Ist „Jerusalem" unser Kriterium, der Maßstab?

Wenn dem so ist, dann sind alle anderen Realitäten relativ, dann sind alle Ereignisse (geschichtlich, sozial, politisch, kulturell, kirchlich) dahingehend zu bewerten, *ob sie dem Weg zu einer fest gefügten, friedlichen, gerechten Stadt entsprechen oder ob sie diesen Weg verlangsamen oder umleiten.* Deshalb sollte der Christ, wenn er nach seinen Hoffnungen gefragt wird, spontan antworten: Meine Hoffnung ist das himmlische Jerusalem! Dort sind meine Hoffnungen, dort handelt Gott an seinem Volk, an der Menschheit.

Eine persönliche Lesung des Psalms gibt Raum für viele Überlegungen. Viele, die schon einmal eine Pilgerreise nach Jerusalem unternommen haben, werden beim Anblick der Mauern der Stadt Psalm 122 gesungen oder rezitiert haben. Im Gebet könnten sie dem Herrn für die Erfahrungen danken, die er geschenkt hat, danken für das, was er uns über Jerusalem hat verstehen lassen … Und wer noch nicht dort war, könnte sagen: *Lasst uns mit Freude gehen …*

* * *

Auf welche Weise hat das heutige Jerusalem mit seinem schmerzlichen und tragischen Schicksal Anteil an Gottes Segen, an der Verheißung des Friedens? Es nimmt teil vor allem durch unser unermüdliches Gebet für seinen Frieden, unsere Gebete für die reale und symbolische Stadt: *Friede sei in deinen Mauern!*

Und wir fragen uns, ob und wie wir uns für den Frieden einsetzen. Friede in Jerusalem ist das Symbol, Zeichen und Wurzelgrund für den Frieden so vieler anderer „Städte",

Symbol für den Frieden unter den Menschen. Psalm 122 ist eine Verpflichtung, für Frieden in Gerechtigkeit zu beten und uns dafür zu engagieren.

DAS HIMMLISCHE JERUSALEM UND DAS GESCHICHTLICHE JERUSALEM

Das himmlische Jerusalem (Offb 21,1–22,5)

Wir befinden uns im letzten Teil der Offenbarung, in dem das himmlische Jerusalem beschrieben wird. Die neue Ordnung der Dinge, die durch den Tod und die Auferstehung Christi geschaffen wurde, wird durch zwei große Symbollinien dargestellt: die der Schöpfung und die des Paradieses bzw. der „neuen Stadt". Von „einem neuen Himmel", „einer neuen Erde" und „allem Neuen" ist die Rede. Der Prophet Jesaja kündigte *„etwas* Neues" an (43,19), hier wird *„alles* neu" gemacht. Mit dem Thema der „neuen Schöpfung" verbunden sind die Symbole des Flusses im Paradies, des sprudelnden Wassers, des Baumes, der Leben spendet (vgl. Gen 2) und auch das der neuen Stadt, die im Buch Ezechiel in den Kapiteln 40 bis 48 beschrieben wird (auch Passagen aus Deuterojesaja und Sacharja klingen an). Es ist eine Stadt, die keinen Tempel hat, besser: in der alles ein Tempel ist, eine Wohnung für Gott. Im Folgenden möchte ich drei Elemente herausgreifen: den Kontrast zwischen dem Alten und dem Neuen, die neue Ordnung der Dinge und schließlich einige spezifische Symbole der neuen Stadt.

Der Kontrast zwischen dem Alten und dem Neuen

Der Kontrast wird gleich zu Beginn mit den Worten heraufbeschworen: „Dann sah ich …" und später mit den Worten: „Und ich sah aus dem Himmel herabkommen …". Diese Vision ist Teil jener Visionen, die in den vorhergehenden Versen beschrieben werden („Ich sah damals kommen …“, „Ich sah …“) und die das Verschwinden aller negativen Elemente der Geschichte ankündigen (vgl. Offb 20), die im Tod und der Unterwelt zusammengefasst sind. Dieses zuvor angekündigte Verschwinden wird in unserem Abschnitt wieder aufgegriffen: Die Tränen werden versiegen, es wird keinen Tod, keine Trauer, kein Weinen und keinen Schmerz mehr geben, denn was früher war, ist vergangen (21,4); doch „die Feiglinge und Treulosen, die Befleckten, die Mörder und Unzüchtigen“ etc. werden nicht in die neue Ordnung der Dinge eingehen (21,8). Dann wird das Urteil Gottes verkündet, das den Beginn der neuen Ordnung der Dinge darstellt, ein Urteil, das auf der Grundlage von zwei Kriterien formuliert wird: den vollbrachten Werken, die im Buch aufgezeichnet sind, und der göttlichen Heilsinitiative, die im Bild der Einschreibung ins Buch des Lebens zum Ausdruck kommt.

So bilden die Verse über die Vernichtung des Bösen (durch das Kreuz Christi, als dessen Frucht) die Prämisse der Vision von Jerusalem als der neuen Stadt. Das Kreuz hat das geistige Universum, das durch die Rebellion gegen Gott entstanden ist, aus dem Spiel genommen und die Geburt einer neuen Ordnung und eines neuen Werteuniversums ermöglicht, wie es zu Beginn von Kapitel 21 beschrieben wird.

Die neue Ordnung der Dinge

Von der neuen Ordnung der Dinge handelt Offb 21,1-5: „Dann sah ich einen neuen Himmel und eine neue Erde …“ – in Analogie zur ersten Schöpfung: „Am Anfang schuf Gott den Himmel und die Erde (Gen 1,1). Es ist eine neue geistliche und sittliche Ordnung, in die wir gestellt sind. Und das Neue ist auch die Heilige Stadt, das neue Jerusalem, Symbol für die neue Ordnung der Gnade und Barmherzigkeit, die Gott heraufgeführt hat. Die Stadt steigt „vom Himmel herab“, d. h. die neue Ordnung wird vollkommen gratis gegeben, sie ist nicht Menschenwerk, sondern ein Geschenk Gottes. Eine Stadt ist es, die auch als Braut beschrieben wird, die für ihren Bräutigam geschmückt ist, bereit für die Hochzeit, schön wie die Braut in Ezechiel 16,8ff: gekleidet in Stickereien, gehüllt in Dachsfelle, umgürtet mit Byssus, bedeckt mit Seide, geschmückt mit Juwelen. Schön ist sie, als wahrhaftig und vollkommen treu wird sie in der Apokalype beschrieben. Und die „Ehe", die Teil der neuen Ordnung ist, ist der Bund, an den Vers 3 erinnert, in dem alttestamentliche Passagen über den Bund (wie Lev 26,11: „Ich werde meine Wohnung unter euch aufschlagen") anklingen, um diese Gesamtsicht zu vermitteln: Gott wird unter ihnen wohnen, sie werden sein Volk sein und er wird *Gott-bei-ihnen* sein.

Angesichts einer solchen Vision fragen wir uns: Geht es um die Gegenwart oder die Zukunft? Haben sich diese Worte bereits erfüllt? In Vers 6 heißt es, sie seien „in Erfüllung gegangen". Man könnte aber auch an eine prophetische Vorwegnahme denken: Etwas Künftiges wird in der Vergangenheitsform ausgedrückt.

Ich verstehe es als Beschreibung dessen, was in Tod und Auferstehung Jesu *vollbracht ist*; dies scheint mir der hermeneutische Schlüssel zu sein. Es handelt sich also nicht einfach um etwas Zukünftiges, um eine neue Ordnung der Dinge, die kommen wird, sondern um eine Ordnung, die ist und die kommt und in der wir alle schon sind. Wir *sind* bereits im Bund, wir sind bereits die neue Stadt, die vom Himmel herabkommt, wir sind bereits die Braut, die für den Bräutigam bereit ist, wenn auch noch nicht in Fülle; doch jetzt schon ist im Leiden und in der Auferstehung Christi alles vollendet und erfüllt für die, die „in Christus" sind.

Einige Symbole der himmlischen Stadt

Die Symbole dieser neuen Ordnung der Dinge finden sich vor allem in der sogenannten zweiten Beschreibung des himmlischen Jerusalem (ab Vers 9). Es wirkt wie eine Doppelung, denn erneut wird die Stadt, die vom Himmel herabsteigt, dargestellt. Der Autor dieser Verse macht sich darüber keine Gedanken, es ist für ihn kein Problem; im Gegenteil, er glaubt, dieselben Dinge wiederholen zu müssen, um uns bewusst zu machen, dass wir uns in einer neuen Realität befinden, die durch das Ostergeheimnis Christi begründet wurde.

In Vers 10 betrachtet der Seher die Heilige Stadt, die „vom Himmel herabkommt, von Gott", während er auf einem großen, hohen Berg steht. In den folgenden Versen entwickeln sich auf dem Grundsymbol der Stadt mindestens fünf symbolische Linien, die ständig wiederholt werden: Die erste ist die des *Lichts*, der Herrlichkeit Gottes, die über die Stadt strahlt und sie völlig transparent macht, erfüllt von seiner Gegenwart, sodass sie kein helles Zentrum wie den Tempel mehr braucht: Die ganze Stadt ist Licht. Das zweite symbolische Element ist *die große, hohe Mauer* mit ihren Fundamenten, die die Dimensionen der Stadt vorgibt. Die dritte Linie bilden die *zwölf Tore* mit ihren Inschriften und Ornamenten. Dann folgt *das Element des Flusses*, das sich auf die Erzählung im Buch Genesis bezieht, und schließlich die Bäume mit Früchten und Blättern: *der Baum des Lebens.* Ich werde mich darauf beschränken, die ersten beiden symbolischen Linien zu verfolgen, um die eine große Botschaft zu verdeutlichen, die in verschiedenen Anläufen veranschaulicht wird und aus dem Ganzen spricht.

Die Stadt erstrahlt also in der Herrlichkeit Gottes (V. 10); Vers 11 kommentiert diesen Glanz, der dem eines kostbaren Edelsteins gleicht, einem kristallklaren Jaspis. Das Thema Licht wird in Vers 18 wieder aufgegriffen: Die Stadt ist aus reinem Gold; deshalb braucht sie weder das Licht der Sonne noch das des Mondes (V. 23), denn die Herrlichkeit Gottes erleuchtet sie, und ihre Leuchte ist das Lamm. In Vers 24 wird das Licht zur Referenz für die gesamte Menschheit: „Die Völker werden in diesem Licht einhergehen." Die neue Ordnung der Dinge, in der wir uns befinden, das Reich Christi, das bereits errichtet wird, ist der faszinierende Glanz der Herrlichkeit des Vaters und des Lammes. Es ist eine leuchtende Wirklichkeit, in der das Leben schön ist, weil es Geborgenheit, Atem, Klarheit und Freude schenkt; der Seher „sah keinen Tempel darin" (V. 22), denn der Herr, Gott der Allmächtige, und das Lamm sind sein Tempel. Alles wird transparent für Gott; überall ist er wahrnehmbar, man begegnet ihm überall. Die Umkehr besteht darin, sich auf diese neue Sichtweise einzulassen, offen zu sein für die Offenbarung von Gottes Herrlichkeit und sich von seinem Licht erleuchten zu lassen.

Die „*Mauer*" wird in Vers 12 als groß und hoch beschrieben. In Vers 14 heißt es, dass „die Mauer der Stadt zwölf Grundsteine hat, auf denen die zwölf Namen der zwölf Apostel des Lammes stehen". Die Mauern der Stadt sind einzigartig. Sie verleihen der Stadt eine unvorstellbare Höhe, die mit einer goldenen Messlatte gemessen wird. Die Stadt hat eine einmalige Form: Sie ist ein riesiger Würfel, bei dem die Länge gleich der Höhe und Breite ist, mit über fünfhundert Kilometern auf jeder Seite, die Mauern sind über sechs Kilometer dick. Also eine immense Breite, eine Ausdehnung und eine Höhe, die für eine Stadt unvorstellbar sind. Und dann ist da noch der unermessliche Reichtum: mit Jaspis gebaute Mauern, deren Fundamente mit Edelsteinen verziert sind. Es ist eine Stadt, die imstande ist, unbegrenzt viele Menschen willkommen zu heißen, eine Stadt, die einen Komfort und eine Sicherheit bietet, die ihresgleichen suchen. In ihr ist man völlig sicher und fühlt sich überreich in der göttlichen Sphäre, im „Sein in Christus", im Lichte Gottes.

Eine Betrachtung der anderen Symbole würde zeigen, dass jedes von ihnen weiter erhellt, was christliche Umkehr bedeutet. Alles ist ein Vorspiel für die nicht in Worte zu fassende volle Manifestation Gottes in seinem Reich und wird zu einer Einladung, uns zu fragen, ob wir wirklich im Bewusstsein dieser neuen Wirklichkeit leben: Wissen wir um die Schönheit, den Reichtum, die Sicherheit, die Helligkeit, die Weite jener Wirklichkeit, die uns angeboten ist, in der wir bereits sind, wenn wir in Christus sind und mit ihm im Vater, im Geheimnis des dreifaltigen Gottes?

Es ist interessant, vor diesem Hintergrund die Verse zu lesen, in denen die Symbole beschrieben werden. Sie zeigen, was die neue Ordnung der Dinge, die durch den Tod und die Auferstehung Jesu geschaffen wurde, bewirkt: „Die Völker werden in diesem Licht einhergehen und die Könige der Erde werden ihre Pracht in die Stadt bringen. Ihre Tore werden den ganzen Tag nicht geschlossen – Nacht wird es dort nicht mehr geben. Und man wird die Pracht und die Kostbarkeiten der Völker in die Stadt bringen. Aber nichts Unreines wird hineinkommen, keiner, der Gräuel verübt und lügt. Nur die im Lebensbuch des Lammes eingetragen sind, werden eingelassen" (Offb 21,24-27). Das neue Jerusalem ist der Bezugspunkt, der der gesamten Menschheitsgeschichte einen Sinn gibt, es ist der Ankunftsort aller Nationen und Völker, es ist die ideale Stadt, die offen und bereit ist, alle aufzunehmen, es ist die Stadt, die alle Unreinheit und alles Falsche ausschließt, die Nationen und Völker geschwisterlich zusammenbringt, wenn sie in diese leuchtende Fülle der Manifestation Gottes und seiner grenzenlosen Liebe eintauchen. Die Maße der Stadt übersteigen jedes Verstehen.

Als Christen finden wir in den Kapiteln 21 und 22 des Buchs der Offenbarung eine Möglichkeit, unser „Sein in Christus" auszudrücken. Sie zeigen uns die Reichtümer, die uns bereits als Erstlingsfrucht gegeben sind und vermitteln uns einen Vorgeschmack auf das, was einmal endgültig und in ganzer Fülle sein wird.

Wir können uns fragen, wie dieser Reichtum die Gegenwart berührt, das heutige „geschichtliche Jerusalem". Wer dieses Jerusalem und alle Orte liebt, die an seinem Leiden teilhaben, erahnt, ja versteht die Antwort. Es ist nicht leicht, sie rational, logisch in Worte zu fassen. Ich will es dennoch versuchen: Das gegenwärtige Jerusalem wird von der Macht der Symbole über sich selbst hinaus angezogen. Darin liegt seine besondere, zeichenhafte Bestimmung. Sein Name und seine Geschichte sind ein immer neuer Aufruf, jener Fülle entgegenzugehen. Anders gesagt: Es besteht eine ständige dialektische Spannung zwischen dem „geschichtlichen" und dem himmlischen Jerusalem. Das eine ruft das andere wach. Und das himmlische zieht das der Geschichte (und damit die gesamte menschliche Geschichte) an.

Fazit

Fragen wir uns, wozu die Vision des Sehers der Offenbarung, die wir betrachtet haben, uns anregt. Mir scheint, dass sie vor allem dazu einlädt, *die Fülle zu entdecken, in der wir bereits sind*, und Gott dafür *dankbar* zu sein. Der geschichtliche Weg der Menschheit offenbart sich in seinem Sinn, nicht nur in einer bloßen Erwartung, sondern jetzt schon in der Teilhabe an den unschätzbaren, unerschöpflichen Reichtümern Christi – als Einzelne, als Gruppe, als Stadt, als Gesellschaft, als Menschheit. Wenn wir mit Gottes Gnade, mit den Augen des Glaubens danach streben, die Fülle zu entdecken, in der wir sind, müssen wir uns von dieser Dynamik mitreißen lassen. Sie zeigt uns, worauf die Geschichte zugeht und hilft uns zu verstehen, wie wir der Geschwisterlichkeit und Gerechtigkeit den Weg bahnen können:

indem wir voller Hoffnung daran arbeiten, dass das Licht des himmlischen Jerusalems aufstrahlt – durch den Sieg des Guten über das Böse, mehr noch: dadurch, dass wir das Gute aus dem Bösen „ziehen";

indem wir voller Hoffnung daran arbeiten, dass dieses Licht des himmlischen Jerusalems jetzt schon den vielen Menschen, die mit uns auf dem Weg sind, Freude und Sicherheit gibt.

Die Vision der Offenbarung ermutigt uns, das geschichtliche Jerusalem und alle Orte, die mit und wie Jerusalem leiden, mitzunehmen auf diesen Weg, der die Welt ihrer endgültigen Erfüllung entgegenführt.

Die Einzigartigkeit der Erwählung Israels

Die Rede des Mose in Dtn 4,32-40, die von den Auslegern als großartige Predigt über die Erwählung Israels angesehen wird, ist einer der stilistisch und theologisch anspruchsvollsten Abschnitte im Buch Deuteronomium. Diese Rede kann freilich auch zu einem Stolperstein werden, weil sie die Einzigartigkeit von Israels Berufung unterstreicht, indem sie sehr deutlich macht, dass das, was diesem Volk widerfahren ist, keinem anderen Volk widerfahren ist. Es ist ein einzigartiges Ereignis, das es nie gegeben hatte, seit Gott den Menschen erschaffen hat, von der einen Seite des Firmaments bis zur anderen nicht, an keinem anderen Ort. Es steht nicht bloß beispielhaft für das, was Gott für alle Menschen tut, es *ist* ein einzigartiges Ereignis. – Wie können wir diese Seite des Deuteronomiums deuten? Wir sind immer versucht, die symbolische Interpretation zu wählen, das heißt zu denken: Wenn von Israel die Rede ist, dann ist eigentlich jedes Volk, die Welt, jede und jeder Einzelne von uns gemeint. Doch der Text besagt etwas anderes: Die Erwählung gilt Israel. Es ist fast, als wollte er sagen: *Extra Israel nulla salus* – „Außerhalb Israels gibt es kein Heil."

JOSEF UND SEINE BRÜDER

Josef, dessen Geschichte im Buch Genesis (Kapitel 37 bis 50) beschrieben wird, steht für das Volk Israel; seine Brüder stehen für die Nationen, die nicht akzeptieren können, dass es ein Privileg für Israel gibt. Es ist das Drama der Weltgeschichte. Die Erwählung Israels aber ist kein Unrecht, das anderen Völkern angetan wurde, und darf von denen, die nicht jüdisch sind, auch nicht als Unrecht empfunden werden. Wir müssen lernen, Gottes leidenschaftliche Liebe zu betrachten, die eine Geschichte des Heils schafft. Solange wir das nicht verstehen, werden wir immer von Spaltungen und Konflikten bedroht sein.

Josef kann auch für Jesus, auch für die Kirche stehen, und die Brüder für die Menschheit. Genauso wenig wie er Israels besondere Rolle akzeptiert, kann der rationalistische und aufgeklärte Mensch eine Kirche akzeptieren, die bekundet, über Heilsprivilegien zu verfügen. Warum sollten andere zu Christen werden? Warum soll Jesus Christus allein die Rettung sein? Es kommt an dieser Stelle zu Blockaden im interreligiösen Dialog, in der Beziehung zwischen den Religionen. Und die Christen selbst leben ihren Glauben manchmal sorgenvoll: Warum sollten wir die einzige „Heilsreligion" sein?

Dahinter steht eine Sicht, die auf bloßen „vernünftigen Überlegungen" beruht. Da ist kein Raum für eine Liebesgeschichte, für einen göttlichen Heilsplan für alle, der sich privilegierter Instrumente bedient: Sind wir nicht alle gleich?! Wir wollen keine Ungleichheiten auf dem historischen Weg der Menschheit, wir akzeptieren keine Aufspaltungen in der Menschheit. Manchmal leiden wir sehr darunter, dass wir unser von einer modernen oder postmodernen Mentalität geprägtes Denken nicht mit unserem Christsein zusammenbringen. Umso wichtiger ist es, mit der Gnade des Heiligen Geistes zu der fundamentalen Intuition der Josefsgeschichte zu gelangen:

„Gott hat mich vor euch hergeschickt,
um euch am Leben zu erhalten" (Gen 45,5.7).

Das Privileg Israels gegenüber den Völkern, das Privileg Jesu gegenüber den anderen Menschen und das Privileg der Kirche *dient dem Heil aller*, wie es nicht zuletzt im gekreuzigten Sohn deutlich wird. Das Privileg Jesu ist ihm gegeben, damit er für alle stirbt; das Privileg der Kirche ist ihr gegeben, damit sie Dienerin der Menschheit ist und damit durch diesen Dienst, durch ihre Hingabe *die Menschheit eins wird*. Die

Menschheit wird nicht einfach durch eine Ansammlung von Gleichen geeint, sondern durch Jesus, der durch die Hingabe seines Lebens als Erstgeborener alle zu sich ruft und an sich zieht. Das ist keine einfache Sicht; tatsächlich erfordert sie die Akzeptanz eines Plans Gottes, der nicht einer rein evolutionären Entwicklung entspricht, wie sie von der Vernunft postuliert wird, die für alle gleich ist und in der die Erlösung keine historische Dimension hat (gemäß einer idealistischen, gnostischen Sicht). Stattdessen geht es um die Liebe Gottes, der die Welt mit einem Heilsplan geschaffen hat, der in Jesus Christus seinen Höhepunkt findet.

Heute stehen wir vor diesen beiden divergierenden Auffassungen: Für die einen beruht die Würde des Menschen auf der reinen Rationalität, für die anderen auf der universellen Anziehungskraft, die Jesus auf alle ausübt. Nur durch diesen Jesus, der wie Josef „verworfen" wurde, ist die Menschheit erlöst (wie Josefs Brüder durch Josef vor dem Hungertod bewahrt wurden). Bitten wir den Herrn, dass er uns das Geheimnis der Josefsgeschichte verstehen und lieben lässt. Josef verkörpert den Gerechten, der für andere geopfert wird und am Ende die Rettung ermöglicht. Es ist das Geheimnis, das die Menschheit vor dem geistigen Hunger und Hungertod bewahren wird. Es gibt keine Vernunft, kein Gesetz, keine noch so perfekte internationale Ordnung, die die Menschheit erlösen kann. Heil finden wir in Christus, in seiner Liebe, seiner Hingabe für alle.

SICH IN JESUS VERLIEBEN

Ein Abschnitt aus dem Matthäusevangelium (16,24-28) kann als Konkretisierung dessen gelesen werden, was wir über die Einzigartigkeit Jesu gesagt haben: „Wer mir nachfolgen will, der verleugne sich selbst, nehme sein Kreuz auf sich und folge mir nach." Die erste, spontane Reaktion auf diesen Text ist Widerstand: Wie ist es möglich, sich selbst zu verleugnen, was soll das bedeuten? Werden da nicht unsere Vorstellungen von persönlicher Erfüllung, von Bestätigung, von Weiterentwicklung und Wachsen zunichte gemacht?

Jesus drückt sich auf eine sehr starke Weise aus.

Mir scheint, er will uns zu verstehen geben, dass diese anspruchsvolle Bitte mit seiner Einzigartigkeit als Sohn, mit der Einzigartigkeit seiner Rolle in der Heilsgeschichte verbunden ist. Die Irritation, die seine Worte in uns auslösen, kann nicht überwunden werden, wenn wir nicht begreifen, dass er uns bittet, *ihn zu lieben*, uns in ihn zu *verlieben* – und nicht in erster Linie darum, unseren Begierden zu entsagen und heroische Taten zu vollbringen.

Wenn wir uns in Jesus verlieben, in seine Einzigartigkeit, die die Einzigartigkeit Gottes, des Vaters, ist, verändert sich unser Leben nach und nach. Es wird geläutert, wir werden dazu „getrieben", über uns hinauszugehen, uns selbst zu transzendieren – und in *diesem* Sinne Selbstverzicht zu üben. Indem wir uns Gott gegenüber aus dem Gleichgewicht bringen lassen, werden wir von ihm ergriffen und „verlieren" dadurch uns selbst, wir verlieren den Wunsch, uns selbst zu vertrauen, uns *selbst* zu verwirklichen.

Selbstverwirklichung ist rational gesehen das Beste, was man tun kann, aber sich zu verlieben ist nicht rational, sondern erwächst aus Gottes Gnade und der liebevollen Betrachtung dessen, was Christus für uns getan hat.

III

Die jüdisch-christlichen Beziehungen

Judentum und Christentum: Geschichte und Theologie

ZUR GESCHICHTE

Neutestamentliche Zeit

Das frühe Christentum ist tief im Judentum verwurzelt und kann nicht verstanden werden, ohne eine aufrichtige Sympathie für die jüdische Welt und eine direkte Erfahrung mit ihr zu haben. Jesus ist voll und ganz Jude, die Apostel sind Juden, und man kann nicht daran zweifeln, dass sie an der Tradition der Väter festhalten. Das messianische Paschafest, das Jesus, der universelle Erlöser und leidende Gottesknecht, ankündigt und erfüllt, steht nicht im Gegensatz zum Sinai-Bund, sondern vervollständigt dessen Bedeutung.

Die gelegentliche antijüdische Polemik im Neuen Testament kann auf verschiedenen Ebenen verstanden werden:

auf der historischen Ebene, in der Atmosphäre der sektiererischen Auseinandersetzungen, die die verschiedenen Gruppen (Pharisäer, Sadduzäer, Qumran, Essener usw.) zueinander in Gegensatz brachten;

auf einer theologischen Ebene, hier vor allem bei Johannes: Der Begriff „die Juden" steht dort für jene, die das Heil ablehnen (diese Begrifflichkeit wurde etwa von Karl

Barth in seinem Kommentar zum *Römerbrief* gut verdeut-licht*)*;

auf eschatologischer Ebene, wobei das „Ende" der Struk-turen des Bundes als Notwendigkeit des Reiches Gottes emp-funden wird, wenn Gott „alles in allem" regiert;

auf kirchlicher Ebene als Reaktion auf die judaisierenden Ansprüche, die in christlichen Kreisen, welche aus dem Hei-dentum stammten, erfahren wurden.

Das alles bedeutet aber nicht, dass das ursprüngliche Christentum und das Neue Testament antisemitisch wären. Die große Bedeutung, die Paulus der Tradition und dem Bund der Väter in seinem Brief an die Römer zuschreibt, scheint im Gegenteil einer gewissen judenfeindlichen Strö-mung entgegenwirken zu wollen, die sich in Rom bei einigen Christen aus der griechisch-römischen Welt manifestierte.

Patristische Zeit

Die Studien, die das Verhältnis der „Väter" zum Judentum erhellen sollen, sind noch nicht abgeschlossen.[5] Der Be-griff *judaeus* hatte bei den Kirchenvätern bis zum fünften Jahrhundert keine abwertende Bedeutung; die semitischen Denkkategorien und die semitische Mentalität durchdrangen das christliche Denken vor allem bis zum Konzil von Nizäa (325), aber auch danach waren sie vor allem bei syrischen Au-toren wie dem heiligen Ephräm fruchtbar, und durch sie – auch dank des heiligen Ambrosius – waren sie im Westen präsent. Dies gilt umso mehr für das liturgische Leben und das Gebet, für die der Bezug zur Synagogenerfahrung wesentlich ist, wie wir in Alexandria zur Zeit des Origenes sehen. Diese Vertrautheit begann im westgotischen Spanien (7. Jh.) zu zerbrechen, als die Konzilien den jüdischen Kon-

---

5 Auch Studien über die Irrlehren der ersten Jahrhunderte (vor allem im Osten) und ihre Beziehung zu jüdischen Strömungen wären wertvoll, übri-gens auch für das Verständnis der Entstehung des Islam.

vertiten auferlegten, allen früheren Traditionen abzuschwören und sie aufzugeben.

Augustinus, der stets darauf bedacht war, den Keim der
Wahrheit (den *Logos* der Stoa) auch bei den Heiden zu erfassen, führte ein negatives Element in sein Urteil über die Juden ein: Es war die sogenannte „Theorie der Ablösung" des
alten Israel durch das neue Israel, die Kirche. Aber wir sind
noch nicht in einer Situation gravierender Intoleranz ange-
langt, wie auch das frühchristliche Mosaik von Santa Sabina
in Rom bezeugt, das neben der „Ecclesia ex Gentibus" (wörtlich: der Kirche aus den Heiden) die „Ecclesia ex Circumcisione" (wörtlich: der Kirche aus der Beschneidung/aus den Juden) als edle Matrone abbildet, ein Bild, das im Mittelalter
durch das der Synagoge mit den verbundenen Augen ersetzt
werden sollte.

Mittelalter

Der Historiker und Antisemitismusforscher Léon Poliakov
hat erschöpfend dargelegt, dass die Situation der Juden in
Europa bis zu den Kreuzzügen im Allgemeinen noch von einer gelassenen Koexistenz mit der christlichen Bevölkerung
geprägt war.

Einen abrupten und blutigen Wendepunkt verursachten
die Scharen, die ungeordnet mit den Heeren in Richtung
Heiliges Land zogen: Sie waren verantwortlich für die
grausamen Massaker an ganzen jüdischen Gemeinden in
Deutschland, trotz des Widerstands von Bischöfen und Gra-
fen; den Juden blieb nur die Wahl zwischen Taufe und Märtyrertod, und Tausende entschieden sich für Letzteres und
bekundeten so ihre Treue zu Gott.

Ab 1144 verbreitete sich die Anschuldigung des rituellen
Mordes und später die eines angeblichen hasserfüllten
Komplotts der Juden, die verflucht wären, weil sie Gottesmör-
der wären, gegen die Menschheit. Die Folgen, vor allem im

III – Die jüdisch-christlichen Beziehungen

Volk, waren gravierend: Die Juden wurden quasi zum Symbol des satanischen Bösen, das mit allen Mitteln ausgerottet werden müsste. Die Kirche beteiligte sich zwar offiziell nicht an diesen Verirrungen, wurde aber dennoch von dieser Atmosphäre beeinflusst: So beschloss das Vierte Laterankonzil im Jahr 1215 einige antijüdische Maßnahmen wie die Unterscheidung der Juden von Christen durch ihre Kleidung.

Das 13. und 14. Jahrhundert sehen in Rom jedoch eine blühende jüdische Gemeinde, und 1310/11 verfügte das Konzil von Vienne die Einrichtung von hebräischen und aramäischen Lehrstühlen in ganz Europa für das Studium des *Talmuds,* wobei diese Studienreform nie umgesetzt wurde. In Spanien, Frankreich und Italien gab es eine bedeutsame kulturelle Zusammenarbeit zwischen Juden und Christen, eine Atmosphäre, die etwa in Boccaccios Novelle über den Juden Melchisedech und Saladin *(Dekameron* 1,3) deutlich wird.

Das Mittelalter dauerte für die Juden in Europa bis zur Französischen Revolution an, wobei diese Zeit von zwei sehr schwerwiegenden Ereignissen geprägt war: von der Verbannung der Juden aus Spanien (1492) und von der Einrichtung des jüdischen Ghettos im Kirchenstaat, die durch die päpstliche Bulle *Cum nimis absurdum* (1555) verfügt wurde, begleitet von der Verbrennung des *Talmuds,* von Schikanen, religiösen Prozessen und kulturellem Niedergang. Um die Ursachen dieser Verfolgungen zu verstehen, braucht es eine intensive Untersuchung und Reflexion. Religiöse Vorurteile, die durch hitzige Volkspredigten (z. B. die des heiligen Bernardino von Siena) geschürt wurden, boten denjenigen, die aus der Verunsicherung und Unterdrückung der Juden politische oder wirtschaftliche Vorteile ziehen wollten, einen leichten Vorwand. Unschwer lassen sich die Fehler einer falsch verstandenen Religiosität oder, schlimmer noch, eines blinden Fanatismus erkennen, wobei sich hinter religiöser Intoleranz oft Irreligiosität bzw. wenig Sinn für wahre Frömmigkeit verbergen, was für andere Zwecke ausgenutzt wird. Schon in der

Heiligen Schrift mangelt es nicht an Beispielen, weshalb Jesus zur Umkehr des Herzens mahnt, um den Vater „im Geist und in Wahrheit" anzubeten (Joh 4,23).

In der Moderne und unserer Zeit

Nach der Judenemanzipation sind Juden wissenschaftlich, literarisch, philosophisch, politisch, wirtschaftlich und künstlerisch in den Nationen der Neuzeit aktiv. Auch Strömungen, die eine Rückkehr ins „Land", nach Palästina, aus religiösen oder rein politischen Motiven befürworten, beginnen zu florieren. Gleichzeitig erlebte die Kirche eine Zeit schwieriger Beziehungen zur neuen Gesellschaftsordnung und Mentalität. Ließe sich vielleicht mutmaßen, dass uns, wenn es geschwisterliche Beziehungen zwischen Christentum und Judentum gegeben hätte, so manches schmerzliche Missverständnis zwischen der Kirche und der modernen Welt erspart geblieben wäre?

Ende des 19. Jahrhunderts kam es in Russland zu neuen Pogromen, bei denen Fanatismus, Intoleranz und religiöse Vorurteile mit politischen Motiven kombiniert wurden. Tragisch und unbeschreiblich ist das Grauen der Vernichtung der europäischen Juden, die von den Nazis mit absurder Grausamkeit systematisch geplant und betrieben wurde: Eine neue Tyrannei bediente sich der uralten antijüdischen Vorurteile, die in der Bevölkerung verbreitet waren. Unser Entsetzen wird von einer tiefen Trauer begleitet, wenn wir bedenken, wie viel Gleichgültigkeit, oder schlimmer noch, wie viel Hass Christen in jenen Jahren oft Juden entgegenbrachten. Aber wir sollten uns auch an den Heldenmut mancher Christen erinnern, die verfolgten Juden zu Hilfe kamen. Pius XI. bereitete eine Enzyklika vor, die den Antisemitismus verurteilte, und nur der Tod unterbrach dieses Projekt.

In der Nachkriegszeit entstand wieder ein autonomer jüdischer Staat mit demokratischen Merkmalen, für den die meisten Juden beteten und den sie als „Beginn der Blüte der Erlösung" begrüßten. Die Kirche nahm eine Haltung des Dialogs mit der Welt ein und war bemüht, die „Zeichen der Zeit" zu erkennen, um der immer noch von schweren Widersprüchen zerrissenen Menschheit zu dienen. Das Zweite Vatikanische Konzil brachte die große Leidenschaft der Kirche für Frieden und das Wohl der Menschen zum Ausdruck. Entschieden werden der Vorwurf des „Gottesmords" und antijüdische kirchliche Traditionen zurückgewiesen, die der jüdische Historiker Jules Isaac als „Lehre der Verachtung" bezeichnete. Stattdessen wird nun das große gemeinsame Erbe des Glaubens an das Geheimnis des göttlichen Heilsplans betont (vgl. *Nostra Aetate 4*). Die Zeichen für diese großen Öffnungen, etwa der Besuch von Johannes Paul II. in der Synagoge in Rom oder das große Friedensgebet in Assisi, sind für alle sichtbar. Am 1. Mai 1987 sprach der Papst Edith Stein, eine „Tochter des jüdischen Volkes" selig, die in Auschwitz ermordet wurde und die ihr Leben mit Christus „für den wahren Frieden" und „für sein Volk" hingab.

THEOLOGISCHER AUSBLICK

Diese kurzen historischen Notizen können nur ein Anstoß zu einer – notwendigen – eingehenden kritischen Analyse der Vergangenheit sein. Die Kirche kann denen nur dankbar sein, die dazu beitragen und somit helfen, die Geschichte im Lichte der Grundsätze des Glaubens zu deuten. Ich möchte auf einige dieser Grundsätze hinweisen, die in einem mühsamen, manchmal auch schmerzlichen Prozess der theologischen Reflexion herausgearbeitet wurden. Sie finden sich in den Anwendungsdokumenten des Konzils, die von der 1974 gegründeten Kommission für die religiösen Beziehungen zu den Juden herausgegeben wurden, deren Berater ich mehrere Jahre lang war. Dieser Weg muss weitergehen. Die Theologie ist nach der Shoah mit größerem Nachdruck aufgefordert, „sich mit der Geschichte und der Glaubenserfahrung der Juden in Auschwitz auseinanderzusetzen" (J. B. Metz).

Die gemeinsamen Wurzeln, die uns zu Geschwistern machen

Johannes XXIII., das Konzil, Paul VI. (mit der Enzyklika *Ecclesiam Suam),* Johannes Paul II., d. h. das gesamte neuere universale Lehramt der Kirche, sowie die Dokumente der Bischofskonferenzen und der einzelnen Ortskirchen stimmen darin überein, dass die Kirche und das jüdische Volk „auf der Ebene ihrer eigenen religiösen Identität" durch ein tiefes Band verbunden sind, ein Band, das die beiden Gemeinschaften und die einzelnen Mitglieder in ihren spezifischen Unterschieden und gemeinsamen Werten nicht zerstört, sondern stärkt. Ich möchte hier stichpunktartig eine kurze, nicht erschöpfende Zusammenfassung dieser gemeinsamen Elemente gemäß der Heiligen Schrift und der Tradition versuchen: Zu nennen sind …

der Glaube Abrahams und der Patriarchen an den Gott, der Israel mit unwiderruflicher Liebe erwählt hat;

die Berufung zur Heiligkeit: „Seid heilig, denn auch ich bin heilig" (Lev 11,45) und die notwendige „Umkehr (*Teschuwa*) des Herzens";

die Verehrung der Heiligen Schrift; die Tradition des Gebets, sowohl privat als auch öffentlich;

der Gehorsam gegenüber dem moralischen Gesetz, das in den Geboten vom Sinai zum Ausdruck kommt;

das Zeugnis für Gott in der „Heiligung des Namens" unter den Völkern, wenn nötig bis hin zum Märtyrertod;

Respekt und Verantwortung für die gesamte Schöpfung, Einsatz für den Frieden und das Wohl der ganzen Menschheit, ohne Diskriminierung.

Freilich werden diese gemeinsamen Elemente in den beiden Traditionen unterschiedlich verstanden und erlebt.

III – Die jüdisch-christlichen Beziehungen

Unterschiede

Diese tiefen Werte, die uns vereinen, unterdrücken gewiss nicht die Merkmale, die uns unterscheiden und die als Grundlage für einen ehrlichen Dialog ebenso deutlich dargelegt werden müssen: In Jesus, der gestorben und auferstanden ist, verehren wir Christen den eingeborenen Sohn des Vaters, den Messias, Herrn und Erlöser aller Völker, der die gesamte Schöpfung in sich selbst zusammenfasst. Mit diesem Glaubensakt glauben wir jedoch, die jüdischen Werte und die *Tora* zu bestätigen, wie Paulus sagt (Röm 3,31). Mit unserer dynamischen und eschatologischen Exegese der Heiligen Schrift stehen wir in einer Kontinuitäts-Differenz-Linie zur jüdischen Auslegung. Es besteht nach wie vor ein dringender Bedarf an ekklesiologischer Reflexion, um zu klären, wie die beiden Gemeinschaften des Bundes, Kirche und Synagoge, einerseits unverwechselbar sind und andererseits einen gemeinsamen Auftrag im Dienst an Gott und den Menschen haben. Der heilige Ambrosius spricht in Bezug auf die Beziehung zwischen den beiden „Bünden" (Altes Testament – Neues Testament) von „rota intra rotam"; dieses Bild zweier ineinander laufender Räder ist attraktiv. Paulus hatte das anschauliche Bild des guten Olivenbaums und der wilden Olive verwendet.

Die Vergangenheit aber hat uns gezeigt, wie viel Schaden diese Sendung genommen hat durch eine übertriebene, manchmal tragische spalterische Polemik.

Eine gemeinsame Hoffnung und ein gemeinsames Ziel

Wir teilen nicht nur die Wurzeln und viele Elemente unseres Weges, sondern auch das Endziel kann im Sinne einer Konvergenz formuliert und verstanden werden: Die Hoffnung auf die messianische Zukunft, in der Gott allein regieren wird, König der Gerechtigkeit und des Friedens; der

Glaube an die Auferstehung der Toten, an Gottes Gericht, reich an Barmherzigkeit, die universelle Erlösung, das sind gemeinsame Themen für Juden und Christen. Die Unterschiede in diesen Punkten können auch, vielleicht sogar überwiegend, als eine gegenseitige Ergänzung gesehen werden.

Zusammenarbeit und geschwisterlicher Wettstreit

Auf der Grundlage dieser Grundsätze, die sicherlich sorgfältig geprüft und vertieft werden müssen, zeigt sich schon jetzt, dass es reichlich Raum für ein pflichtbewusstes gemeinsames Engagement gibt, vor allem auf geistiger und ethischer Ebene, so auf dem Feld der Menschenrechte und bei der Förderung von Völkern und Personen, im solidarischen Einsatz für den Frieden und eine ganzheitliche Entwicklung der Menschheit. Es werden sich zunehmend ähnliche Berührungspunkte zeigen. Eine gemeinsame Verantwortung tragen wir dabei auch mit anderen Gläubigen, insbesondere denen des Islam.

Immer dringlicher wird das gemeinsame Engagement von Juden, Christen und Muslimen für eine ausgewogene Lösung, die Israel, dem palästinensischen Volk und dem Libanon einen „gerechten und vollständigen Frieden" (Johannes Paul I., 6.9.1978) bringen soll. Jerusalem ist gewissermaßen das Zentrum und Symbol dieser gemeinsamen religiösen, historischen, ethischen und kulturellen Werte, die harmonisch zusammengefügt und respektiert werden müssen.

„Um Vergebung für die Tränen des Herrn zu erlangen" (Ambrosius, *De paenitentia,* 1.11), der beim Anblick Jerusalems weinte, hoffen wir alle, dass nun ein Fluss des Friedens und ein Strom der Vergebung und Liebe aus Jerusalem strömen kann.

Die Wege des Dialogs

Als Professor für Heilige Schrift hatte ich häufig die Gelegenheit, zum Studium und zu Begegnungen mit jüdischen Gelehrten nach Israel zu reisen. Dies hat meine Herangehensweise an die Thematik der jüdisch-christlichen Beziehungen mitgeprägt und durch soziale und kulturelle Aspekte bereichert. Jetzt, da ich Bischof und damit für eine christliche Gemeinde verantwortlich bin, sehe ich das Problem auf eine etwas einfachere, fast naive Weise. Nun geht es ja nicht mehr darum, unter Fachleuten über das Verhältnis zwischen Juden und Christen zu diskutieren, sondern vielmehr darum, Anknüpfungspunkte für das Volk Gottes zu finden. Das Thema ist ja für die Zukunft der Kirche selbst wichtiger geworden. Es geht hier nicht einfach um einen mehr oder weniger vitalen Dialog, sondern darum, dass sich die Christen ihrer Verbindung mit der „Herde Abrahams" und der Konsequezen bewusst werden, die dies für die Lehre, die Disziplin, die Liturgie, das geistliche Leben der Kirche und auch für ihre Sendung in der heutigen Welt hat.

Da die Kirche sich selbst in ihrem Wesen und ihrer Sendung nur in Bezug auf das jüdische Volk verstehen kann, braucht es zuallererst die *Aufmerksamkeit für das, was das jüdische Volk über sich selbst sagt und denkt*. Deshalb scheint es mir wichtig, zunächst einige Aspekte des jüdischen religiösen Selbstverständnisses in Erinnerung zu rufen, und zwar im Licht einiger ernster Probleme, vor denen Christen und die gesamte Menschheit heute stehen.

In einem zweiten Moment werde ich einige *Schritte* vorschlagen, die zur Entwicklung der jüdisch-christlichen Beziehungen beitragen könnten, um die gemeinsamen Probleme unserer Zeit gemeinsam anzugehen.

Von da aus sollen in einem dritten Moment die *Ziele* in den Blick genommen werden, auf die ein gemeinsames Handeln auszurichten wäre, um dem Wesen und der Sendung von Christen und Juden im Gehorsam gegenüber demselben Gebot Gottes zu entsprechen.

Einige Aspekte des jüdischen religiösen Selbstverständnisses und die ernsten Probleme der heutigen Menschheit

Der Abschnitt aus Deuteronomium 6 bleibt für das Verständnis der jüdischen religiösen Tradition wesentlich:

„Höre [*Schema'*] Israel,
der HERR unser Gott, der HERR ist einzig.
Darum sollst du den HERRN, deinen Gott,
lieben mit ganzem Herzen" (Dtn 6,4).

Raschi kommentiert dieses *Schema'*, indem er feststellt, dass „Gott noch nicht der Gott der götzendienerischen Völker ist, aber eines Tages, wie von Zephanja und Sacharja prophezeit, wird es nur einen Herrn geben und sein Name wird Einziger sein."

Der Prophet Micha prophezeit die universelle Friedensmission, die Israel unter alle Völker tragen soll: „Und er wird der Friede sein ..., und der Rest Jakobs wird sein inmitten vieler Völker ... wie Tau" (5,4.6).

Die Schöpfung selbst ist gemäß Raschis Kommentar zu Gen 1 auf die *Tora* und Israel ausgerichtet. Gott schuf die Welt „*bishvil ha Torah*" (d. h. um der Tora willen) und „*bishvil Ysrael*" (aus Liebe zu Israel). Israel ist sich bewusst, dass es ein Volk ist, das für den priesterlichen Dienst ausgesondert und geweiht wurde, um alle Völker zu vollkommenem Gehorsam und zur Liebe zu Gott zu führen. Deshalb kann das Judentum nicht an der Treue Gottes verzweifeln, es ist ein Gefangener der Hoffnung. Aber auch wir sind mit dieser Hoffnung verbunden.

Trotz der Bundestreue Gottes und seiner Liebe zu seinem Volk hat Israel im Laufe der Geschichte mehrfach in der Gefahr gestanden, ausgelöscht zu werden; oft hat es sich in einer Situation der Unterlegenheit und Verfolgung wiedergefunden. Wie sollten diese Ereignisse interpretiert werden, ohne der Verzweiflung nachzugeben – und ohne zu riskieren, dass sie in ihrer schrecklichen konkreten Realität aus dem geschichtlichen Gedächtnis verschwinden? Die Reaktionen der Juden auf diese Tragödien variierten von Zeit zu Zeit: Manchmal suchten sie die Ursache im Ungehorsam gegenüber dem Gesetz, ein anderes Mal gaben sie der Ungerechtigkeit des Menschen die Schuld. Oder sie suchten Trost, indem sie in der Stille das unbegreifliche Geheimnis Gottes anbeteten.

So lesen wir zum Beispiel im *Midrasch Rabbà* über das Buch der Klagelieder: „Israel wurde bestraft", sagt ben Azai', „weil es den einen Gott, die Beschneidung, die zehn Gebote und die fünf Bücher der Tora abgelehnt hat."

Die *Mischna* zeigt in einer bekannten Passage, mit welch einheitlichem Bewusstsein das Judentum über diese düsteren Fakten seiner Geschichte nachdachte: „Am 17. Tammuz und am 9. Ab fielen fünf Unglücke über unsere Väter: Am 17. Tammuz wurden die Gesetzestafeln zerbrochen, das tägliche Opfer unterbrochen und eine Bresche in die Stadt geschlagen, und Apostomos verbrannte die Schriftrollen des Gesetzes und stellte einen Götzen in den Tempel; am 9. Ab wurde verfügt, dass unsere Väter nicht in das verheißene Land kommen sollten, der Tempel wurde zum ersten und zweiten Mal zerstört, Bethar wurde erobert und die Stadt verwüstet."

Die letzte dieser großen Tragödien war die Shoah: Sie ist singulär, steht in keiner Relation zu früheren Verfolgungen und erscheint als tragischer Höhepunkt des Antisemitismus der vergangenen Jahrtausende. Ich beziehe mich auf Auschwitz: Einige Juden sehen es als das härteste Martyrium und Leiden, das Gott Israel jemals abverlangt hat; für andere (André Neher und Elie Wiesel) ist es die Zeit der größten

Dunkelheit und des totalen Schweigens Gottes. Doch die Hoffnung leuchtet weiter auf dem Weg des jüdischen Volkes durch die Geschichte. Aus dem Schrecken der Shoah erwacht die Hoffnung wieder; denn es gibt ein konkretes Zeichen, das wie ein Leuchtfeuer in der Nacht leuchtet: Es ist die messianische Verheißung eines Landes, des versöhnten Landes Jerusalems, der Stadt des Friedens, einer zukünftigen Welt, eines messianischen *Schalom*. Dieser Blick in die Zukunft, trotz und vielleicht gerade wegen so viel Leid, führt uns zum Kern eines Problems, das nicht nur Israel, sondern auch die Kirche plagt. Israel hat eine universelle messianische Sendung der „Schalomisierung" der Welt; die Kirche zielt darauf ab, die Auswirkungen der von Christus herbeigeführten Versöhnung in die Welt und das ganze Universum zu bringen.

Schritte zur Förderung und Entwicklung der jüdisch-christlichen Beziehungen

Auf der Grundlage dieser Überlegungen und zum besseren Verständnis der Ziele, auf die sich Juden und Christen gemeinsam zubewegen können, schlage ich folgende Stufen vor.

– Die erste Stufe ist das *Gebet*. Wir sind uns bewusst, dass im Drama der Geschichte „der Mensch nicht allein ist". Ungeahnte Dimensionen des Glaubens, der Hoffnung und der Liebe eröffnen sich hier – sowohl für die Laien als auch für die Verantwortlichen in der Religionsgemeinschaft, für Juden und Christen.

Für den Christen ist der Höhepunkt des religiösen Lebens die Eucharistie. Für den Juden ist jeder Moment des Lebens und jede Lage eine Gelegenheit, den Namen des Allerhöchsten anzubeten, es ist ein Werk des heiligen Dienstes, der *Avodà:* Die *Tora*, der *Schabbat*, der *Talmud* (das Studium), die *Mitzvot* (Gebote) sind Beispiele für diese Wege und Momente der geistigen Gottesverehrung. Deshalb ist es notwendig, dass Christen diese konstante jüdische Haltung des Segnens und des Lobens kennen- und verstehen lernen: *Berakha* und *Todah*. Dies könnte auch die Eucharistie beleben … Das jüdische Leben, das als Liturgie, als *Avodà* verstanden wird, ist voller ehrwürdiger und kostbarer Werte. Christen sollten sich bemühen, jüdische Gebete und Spiritualität kennenzulernen.

– Die zweite Stufe ist genau einer dieser jüdischen Werte: *die Umkehr des Herzens*, die *Teschuwa*.

Für den Juden ist jeder Tag für die *Teschuwa* des Einzelnen und der Gemeinschaft gemacht.

Jeder Tag ist auch für uns als Christen eine Zeit, in der wir beginnen, Gott und unsere Brüder und Schwestern – nicht zuletzt die Juden – zu bitten, unseren Schmerz für das Böse, das wir getan haben, und das Gute, das wir vergessen haben zu tun, anzunehmen. Kehren wir zu Gott zurück – und zum Menschen, der sein Ebenbild ist! Wenden wir uns unserem jüdischen Bruder, unserer jüdischen Schwester zu, der Geschichte ihres Leidens, ihres Martyriums, der Verfolgungen, die sie erlitten haben. Lasst uns tendenziöse, beleidigende Auslegungen von Passagen im Neuen Testament und anderen Schriften überwinden und entfernen. Lasst uns die Missverständnisse ausräumen, die uns immer noch misstrauisch gegenüber dem guten Willen der anderen machen. In Wirklichkeit wollen wir doch dasselbe: der Wahrheit treu sein.

– Die dritte Stufe umfasst *das Studium und den Dialog*, *Talmud Tora*. Um nach der Wahrheit zu suchen, haben die Menschen Universitäten und wissenschaftliche Zentren gegründet. Das Judentum hat die talmudische Reflexion mit all seinen nachfolgenden Abhandlungen weiterentwickelt. Die Kirche kann die Ergebnisse dieser Ausarbeitungen nicht ignorieren, wie sie in religiösen, rechtlichen und philosophischen Texten in der nachbiblischen jüdischen Literatur dargestellt werden. Es gibt viele Beispiele für derartige Initiativen. Aber wenn sie Früchte tragen sollen, müssen sie auf so viele Diözesen, Gemeinden und kirchliche Gruppen wie möglich ausgeweitet werden, damit die Unwissenheit, die uns in der Vergangenheit getrennt und einander gegenübergestellt hat, nicht ohne Verantwortung unsererseits, allmählich überwunden wird.

Ich bin überzeugt, dass ein tiefes Eindringen in das Judentum für die Kirche unerlässlich ist, nicht nur um jahrhundertealte Unwissenheit zu überwinden und einen fruchtbaren Dialog anzustoßen, sondern auch um ihr Selbstverständnis zu vertiefen. Mit anderen Worten: Ich möchte betonen, wie wichtig es für die christliche Theologie und Praxis ist, die Probleme zu untersuchen, die sich daraus ergeben haben, dass der Beitrag der Judenchristen für die Theologie und Praxis zur frühchristlichen Gemeinde keine Beachtung mehr fand.

Jedes Schisma und jede Spaltung in der Geschichte des Christentums beraubt die Kirche eventuell wertvoller Beiträge und führt zu einem gewissen Defizit im vitalen Gleichgewicht der christlichen Gemeinschaft. Wenn dies auf jede große Spaltung in der Geschichte der Kirche zutrifft, dann gilt es ganz besonders für die erste große Spaltung, die die Kirche der Hilfe beraubte, die sie von der jüdischen Tradition hätte erhalten können. Ich möchte nur drei Folgen nennen: Die christliche Praxis hat ständig Schwierigkeiten, die richtige Haltung des Einzelnen und der Gemeinschaft gegenüber der technischen, wirtschaftlichen und politischen Macht der Welt zu finden; die christliche Praxis ringt um die richtige Haltung gegenüber dem Körper, der Sexualität und der Familie; die christliche Praxis kann nicht das richtige Verhältnis zwischen der eschatologisch-messianischen Hoffnung und den Hoffnungen, den Erwartungen des Einzelnen und der Gemeinschaft in Bezug auf Gerechtigkeit, Menschenrechte usw. finden. Die endlosen Diskussionen über Haltungen und Verhaltensweisen in diesen Bereichen – also nicht so sehr über allgemeine theologische Grundsätze – haben ihre Wurzeln in der nicht verheilten Wunde des ersten Schismas. Wir begreifen, warum Paulus sagt, dass die Wiedervereinigung mit den Juden wie „Leben aus dem Tod" sein wird, wie die Rückkehr vom Tod ins Leben. Auf jeden Fall ist es für die Christen sehr wichtig, das Verständnis für die jüdische Tradition zu fördern, um sich selbst authentischer zu verstehen.

– Die vierte Stufe ist *der universelle, offene Dialog*. Das Judentum und die Kirche wissen, dass sie nicht bei einem Dialog stehen bleiben können, der andere Gesprächspartner ausschließt. Aufgrund der gemeinsamen historischen, kulturellen und religiösen Wurzeln und aufgrund des Glaubens Abrahams geht es zunächst einmal um die Öffnung für den Dialog mit dem Islam.

Hier sollten wir keine kurzfristigen Ergebnisse oder strategischen Vorteile erwarten. Vielmehr sollten wir erst einmal damit beginnen, gemeinsame Werte herauszustellen, Ziele und Instrumente für den Dialog zu entdecken – im Wissen, dass wir damit der gesamten Menschheit einen Dienst erweisen.

Ich möchte mit den Worten des Zweiten Vatikanischen Konzils daran erinnern, dass der Heilsplan auch diejenigen umfasst, die den Schöpfer anerkennen – und „die ersten unter ihnen sind die Muslime, die sich zum Glauben Abrahams bekennen und zusammen mit uns den einen und barmherzigen Gott anbeten, der die Menschheit am Jüngsten Tag richten wird" (LG 16). Johannes Paul II. gab in seinem Apostolischen Schreiben „Redemptionis anno" (1984) über die Stadt Jerusalem wichtige Hinweise: Es sei „naheliegend, daran zu erinnern, dass sich in der Region seit Jahrzehnten zwei Völker, das israelische und das palästinensische, in einem scheinbar unaufhebbaren Antagonismus gegenüberstehen … Das jüdische Volk, das im Staat Israel lebt und in diesem Land ein so kostbares Zeugnis seiner Geschichte und seines Glaubens bewahrt", brauche „die ersehnte Sicherheit und den gerechten

Frieden, die das Vorrecht jeder Nation und die Voraussetzung für das Leben und den Fortschritt jeder Gesellschaft sind. Das palästinensische Volk, dessen historische Wurzeln in diesem Land liegen und das seit Jahrzehnten verstreut lebt, hat ein natürliches Recht darauf, eine Heimat zu finden und in Frieden und Ruhe mit den anderen Völkern der Region leben zu können". Der Heilige Vater betont, dass Jerusalem „in seiner Eigenschaft als Herzensheimat aller geistigen Nachkommen Abrahams, denen es unendlich am Herzen liegt, und als Ort der Begegnung zwischen der unendlichen Transzendenz Gottes und der Schöpfung … in den Augen des Glaubens zu einem Symbol der Begegnung, der Einheit und des Friedens für die gesamte Menschheitsfamilie" wird. Er drängt darauf, dass „mit gutem Willen und Weitsicht ein konkreter und gerechter Weg" zu finden sei, „auf dem die verschiedenen Interessen und Bestrebungen in einer harmonischen und stabilen Form zusammengeführt und angemessen und wirksam geschützt werden".

Das Judentum bietet viele Beispiele der Offenheit zum Dialog – nicht nur mit dem Islam, sondern auch mit anderen Religionen, mit der Wissenschaft und der Philosophie. Was diesen Dialog unter Christen angeht, so sei exemplarisch an Louis Massignon und Charles de Foucauld erinnert, nicht zu vergessen auch Giorgio La Pira, dem ich oft bei Treffen zwischen Juden und Christen begegnet bin.

– Die fünfte Stufe sind verbindende *Initiativen*. Einen Zugang zu jüdischer Religiosität und Kultur kann man auf verschiedenen Ebenen bekommen, auf der Ebene der Studien mit der Förderung von Begegnungen und Forschungsprojekten und Überblicken über bereits Geleistetes. An den Schulen können vorhandene Möglichkeiten ausgeschöpft und Lehrbücher überarbeitet werden. Auch an Fortbildungskurse für Geistliche und Katecheten ist zu denken sowie an Kurse und Initiativen in Seminaren und Diözesen.

– Wenn die vorangegangenen Schritte nach und nach befolgt werden, wird auch der letzte Schritt, nämlich die *Schaffung von Treffpunkten* und Orten für die soziale, politische und kulturelle Zusammenarbeit, leichter fallen.

Wir hoffen, dass sich Juden und Christen bei der Förderung und Verteidigung des Lebens und im Engagement für die Freiheit aller Menschen aus dem gemeinsamen religiösen Impuls und aus ethischen und ideellen Gründen häufiger als bisher Seite an Seite finden werden.

Gemeinsame Ziele in der Sendung

Was erwartet uns? Was ist das Ziel, auf das die vorgeschlagenen Stufen zulaufen? Gemeinsame langfristige Ziele vorzuschlagen, könnte anmaßend erscheinen, wenn wir uns nicht auf jenen Geist verlassen würden, der von Anfang an über den Urgewässern schwebte. Er ist es, den wir zu allen Zeiten erflehen: „Sende deinen Geist, o Herr, und erneuere das Antlitz der Erde" (Ps 104,30).

Ein erstes gemeinsames Ziel wird es sein, überall auf der Welt *Zeugen der Liebe des Vaters zu sein*. Für Juden wie für Christen besteht kein Zweifel, dass in der Gottes- und Nächstenliebe alle Gebote zusammengefasst sind. Alle Menschen sind gleichwertige Empfänger der Liebe Gottes. Seder Eliyahu Rabbah sagt, dass Juden und Nicht-Juden, Männer wie Frauen alle gleich sind, weil der göttliche Geist auf sie herabkommt, je nach ihren Handlungen. Für den Christen ist Gottes Liebe durch seinen Sohn Jesus bekannt und erfahrbar. In diesem gegenseitigen Zeugnis der Liebe sind wir also vereint, wie durch ein Ziel, das uns zusammen anzieht. Dasselbe Gesetz der Heiligkeit eint uns auch in der Vielfalt der Wege, auf denen es uns vermittelt wird.

Die Tatsache, dass die Kirche sich schon immer als „verus Israel" (als das wahre Israel) betrachtet hat, sollte nicht als eine Art Entleerung des alten Israel verstanden werden: Wenn wir Christen glauben, dass wir *in Kontinuität und Gemeinschaft* mit den Patriarchen, den Propheten, den Stämmen Israels, mit den makkabäischen Märtyrern und den Exilanten in Babylon stehen, dann ist es notwendig, dass diese Gemeinschaft auf jede erdenkliche Weise auch im Hinblick auf die Juden verwirklicht wird, die in Jabne die *Mischna* kodifizierten und in Babylon den *Talmud,* die in Toledo und in Mainz die *Selichot* verfassten – und die von den Kreuzfahrern verfolgt und wegen vorgeblichen rituellen Kindermordes vor Gericht gestellt wurden.

Vielleicht ist heute noch nicht klar, wie die Sendung der Kirche und die des jüdischen Volkes sich gegenseitig bereichern und ergänzen können, ohne dass das Wesentliche und Unverzichtbare des je anderen verloren geht. Aber es gibt ein Endziel, an dem wir ein Volk sein werden und der Herr uns segnen wird, indem er sagt:

„Gesegnet sei Ägypten, mein Volk,
Syrien, das Werk meiner Hände,
Israel, mein Erbe."

Paulus sagt, dass Gottes Verheißungen ohne Reue gelten!

Ein zweites Ziel ist *ein gemeinsamer Dienst für dasselbe Projekt des Bundes.* Sowohl Juden als auch Christen leisten einen Dienst an der ganzen Menschheit. Tatsächlich wendet sich Gott, der Vater aller, durch Juden und Christen weiterhin an jeden Menschen. Das jüdische Volk als Ganzes und jeder Jude sieht sich als der erstgeborene Sohn des Vaters, der dazu berufen ist, ihn zu preisen. Nach dem Neuen Testament ist die Kirche das messianische Volk, das im Dienst des Bundes zwischen Gott und Mensch, zwischen Gott und der Menschheit, zwischen Gott und dem Kosmos steht. Es gibt also einen gemeinsamen Dienst für dasselbe Bundesprojekt, und dieser Dienst ist ein priesterlicher Dienst, eine Sendung, die uns vereinen kann, ohne uns zu verwirren, bis der Messias kommt, den wir anrufen: *Marana-tha.*

Wenn wir versuchen wollen, diesen priesterlichen Dienst Israels und der Kirche zu beschreiben, können wir den Begriff *„Seinen Namen heiligen"* verwenden, was besagt, die Heiligkeit Gottes in uns selbst, in den Familien, in der Gesellschaft und in der Schöpfung sichtbar zu machen.

Das Judentum hat eine sorgfältige Reflexion über die Gebote entwickelt, die jeden Moment des Lebens heiligen, sowie über die Absicht des Herzens, seine Leben spendende Seele ... Das Gesetz der Heiligkeit und Freiheit zu erforschen, zu studieren und zu vertiefen, kann ein weiteres wichtiges gemeinsames Ziel sein.

Ferner können wir die Verteidigung und den Schutz des menschlichen Lebens zu jedem Zeitpunkt hervorheben; das Engagement für freiwillige soziale Arbeit, für Gewaltlosigkeit; die Hilfe für Menschen in großer Not; die Unterstützung für Kranke, für Drogenabhängige; die Erziehung; die Förderung von Kunst, Kultur und Wissenschaft. Bei all diesen Bemühungen werden wir von dem grundlegenden Wunsch geleitet, Frieden und Gerechtigkeit zu fördern. Ein Frieden, so erinnerte Johannes Paul II. die Vertreter des Schweizer Bundes der israelitischen Religionsgemeinschaften in Freiburg (13.6.1984), der auf Gerechtigkeit, auf der Achtung der Rechte aller und auf der Beseitigung der Ursachen der Feindschaft beruht, angefangen bei den Ursachen, die im Herzen des Menschen verborgen sind.

Resümee und Ausblick

Ich möchte darauf hinweisen, dass diese Zusammenarbeit auch gemeinsame Strukturen erfordert. Es gibt zum Beispiel den Internationalen Verbindungsausschuss zwischen der Kommission für die religiösen Beziehungen zum Judentum und dem Internationalen Jüdischen Komitee für interreligiöse Konsultation. Weitere hochqualifizierte Treffen finden in verschiedenen Teilen der Welt statt.

Die einzelnen Bemühungen brauchen freilich eine hinreichend flexible Koordination, um einerseits die Kreativität nicht zu bremsen, aber andererseits die Energien zu bündeln.

Eine weitere gemeinsame Struktur, die es zu schaffen und zu entwickeln gilt, könnte ein Hilfszentrum für die Ausgegrenzten sein, in dem Juden, Christen und Muslime zusammenarbeiten würden.

Wenn die christlichen Kirchen sich berufen fühlen, besonders in Europa ein kritisches Gewissen angesichts von Tragödien und Problemen zu sein, die uns alle betreffen, dann werden sie die Kraft der religiösen und ethischen Lehre des Judentums an ihrer Seite finden.

Wenn die Kirche überall den Dialog und den Frieden fördern und ein universaler Ort der Begegnung der Völker im Namen Christi sein möchte, dann ist der Dialog insbesondere mit dem Judentum zu fördern. Je intensiver und tiefgründiger Juden und Christen eine geschwisterliche Zusammenarbeit praktizieren und dabei die Vielfalt der spezifischen Inhalte ihrer Religionen respektieren, desto bedeutungsvoller wird ihre Präsenz für Europa im dritten Jahrtausend und für die Aufgabe sein, die es vor der Welt hat.

Der Weg nach vorn

Auf der ersten Seite des Dekrets *Nostra Aetate des* Zweiten Vatikanischen Konzils heißt es: „Alle Völker sind eine einzige Gemeinschaft, … sie haben denselben Ursprung, dasselbe Ziel."

Ich möchte ein paar Anmerkungen zu einigen Aspekten machen. Zunächst einmal stellt diese sehr kurze Konzilserklärung von nur fünf Seiten einen wichtigen Wendepunkt in der Geschichte nicht nur der jüdisch-christlichen Beziehungen dar, sondern auch in der Geschichte der katholischen Kirche.

Am Anfang dieser bedeutsamen Arbeit stand die Beauftragung von Kardinal Bea durch Johannes XXIII. am 28. September 1960. Kardinal Bea war mein Lehrer und Mitbruder; ich teilte seine Ideale. Ich möchte auch daran erinnern, dass in der Geschichte dieses Konzilsdekrets ein Dokument vom 24. April 1960 wichtig war, in dem das Päpstliche Bibelinstitut auf die Fragen des Heiligen Stuhls bezüglich des zukünftigen Konzils antwortete. Die Professoren des Instituts wollten das von ihnen einstimmig unterzeichnete Dokument mit dem Titel *De antisemitismo vitando* (Gegen den Antisemitismus) dem bevorstehenden Konzil vorschlagen; es wurde dann auch zum Kern des Konzilsdekrets. Das Dokument des Bibelinstituts war eine breit angelegte Lehrstudie, die an alle positiven Ereignisse erinnerte, mit dem präzisen Ziel, alle Formen des Antisemitismus zu bekämpfen. Gerne erinnere ich mich an den inzwischen verstorbenen Hauptautor, Pater Stanislaus Lyonnet, der mein verehrter Lehrer, Freund und Kollege war. Somit war auch ich Teil dieser wie auch der nachfolgenden Geschichte.

Seither sind viele Jahre vergangen, und es wurden viele Fortschritte gemacht, viel mehr als in langen Jahren zuvor, vielleicht sogar weit mehr als in früheren Jahrhunderten, trotz der Schwierigkeiten, Unsicherheiten und Unebenheiten auf dem Weg. Ich habe die Entwicklungen als Mitglied der dem Sekretariat für die Einheit zugeordneten jüdisch-christlichen Dialoggruppe miterlebt und erinnere mich gut an die Vorbereitung des Dokuments von 1974. Es war der erste Anwendungstext, mit dem wir uns beschäftigt haben. Vor allem die Exegeten widmeten sich ihm mit Engagement; wir müssen ihnen für ihre umfangreiche Arbeit danken, ebenso all den bekannten und unbekannten Personen, die es sowohl im jüdischen Volk als auch unter den Christen vorangebracht haben. Doch bis diese Prinzipien im christlichen Volk wirklich Eingang gefunden haben, ist noch ein langer Weg zu gehen.

Die katholische Theologie (wie auch das jüdische Denken) muss die Reflexion weiter vertiefen und dabei bedenken, dass Israel ein Mysterium ist: Vom „Mysterium Israel" sprachen Maritain und viele andere Kenner der Materie. Israel lässt sich nicht auf eine mathematische Gleichung reduzieren; auf die Frage, was Israel ist, gibt es keine einfachen Antworten. Es ist etwas, das ständig das Bewusstsein für die großen Werte von Sein und Nichtsein, von Gott und Nicht-Sinn weckt. Es ist ein Geheimnis, das uns ständig infrage stellt. Deshalb ist es so faszinierend und so schwierig. Es ist ein Knotenpunkt der menschlichen Geschichte. Auch die Kirche erkennt es als ihren geheimnisvollen Ursprung an.

Wir müssen noch viele Schritte nach vorne machen und sehr geduldig sein. Wer auf das Unmögliche wartet, wird enttäuscht, aber immer noch ist das rabbinische Sprichwort gültig: „Es liegt nicht an dir, das Werk zu vollenden, aber du bist auch nicht frei, es aufzugeben." Das Geheimnis Israels fordert alle heraus, Theologen und Theologinnen, aber auch das christliche Volk. Es reicht nicht aus, dass Theologen bestimmte Dinge sagen, wenn sie in der Glaubensvermittlung nicht aufgenommen werden.

Ich möchte daran erinnern, dass die italienische Bischofskonferenz einen Tag für den Dialog mit den Juden eingeführt hat, der natürlich noch von den Gemeinden aufgegriffen werden muss … Wir hoffen, dass wir weitere kleine Schritte machen können, weil wir wissen, dass die geheimnisvolle Realität Israels in die ferne Zukunft hineinwirkt. Es ist ein Mysterium, das sich wie das Christentum und die gesamte Menschheit auf die Fülle zubewegt. Der menschliche Weg, so Teilhard de Chardin, bewegt sich auf eine umfassende Wirklichkeit zu.

Der folgende Aspekt ist vielleicht der heikelste und schwierigste: Jerusalem. Wir müssen Jerusalem mit seinen besonderen Problemen immer im Blick behalten. Es ist eine Realität, auf die Juden mit ganzem Herzen schauen, aber auch Christen und Muslime blicken auf Jerusalem. Für uns als Christen ist es sehr wichtig, alles zu tun, damit Jerusalem ein Ort für Dialog, Entspannung und Versöhnung sei.

Europa hat da sicherlich Schuld auf sich geladen. Man könnte auch von der Schuld der Christen sprechen, aber es ist besser, von der Schuld des europäischen Kontinents in all seinen Teilen zu sprechen. In den ersten vierzig Jahren des letzten Jahrhunderts ließ Europa es zu, dass die Lage zur Shoah ausartete – ein unverzeihliches Verbrechen, das immer auf dem europäischen Gewissen lasten wird. Seitdem besteht das große Risiko für Europa darin, Israel psychologisch zu sehr allein zu lassen. Die psychologische Einsamkeit Israels führt zu Reaktionen bei anderen, und deshalb müssen wir uns unbedingt bemühen, den Staat Israel nicht allein zu lassen. Es ist klar, dass all dies Bewertungen, Kritik an den Handlungen der Regierungen, auch strenge Urteile mit sich bringt, aber immer dergestalt, dass wir Israel nicht allein lassen. Es muss deutlich werden, dass wir es nicht isolieren wollen. Ich glaube, dies ist eine große Aufgabe für die Christen Europas, für alle europäischen Nationen, die sich ihrer großen Verantwortung bewusst sind, damit diese sehr ernsten Probleme, die uns heute belasten, in einer positiven Perspektive gesehen werden und mit der Hilfe aller eine organische Lösung finden können. Vor allem mit der Hilfe all der Nationen, die in irgendeiner Weise an den derzeitigen Entwicklungen mitbeteiligt waren. Europa trägt eine große Verantwortung für das, was dort im letzten Jahrzehnt [d. h. in den 1980er-Jahren, *Anm. d. Übersetzers*] und in der jüngsten Vergangenheit geschehen ist …

Ich schließe mit einigen schönen Worten aus dem Hirtenbrief des Lateinischen Patriarchen, Michel Sabbah, zum Pfingstfest 1990. Er spricht im Namen der Christen Jerusalems, die größtenteils Palästinenser sind, wobei es in Jerusalem auch jüdische Christen gibt, und schreibt:

„Wir lieben diesen Gott, der zu den Menschen spricht, und wir lieben seine göttliche Wahl. Wir wünschen dem Volk unserer Väter Abraham, Isaak und Jakob alles Gute, das Gott ihnen schenken will. Wir sind fest davon überzeugt, dass Gottes Liebe zu *einem* Volk kein Unrecht gegenüber einem anderen Volk sein kann. Die Politik und das Böse der Menschen dürfen nicht zulassen, dass Gottes Liebe für alle seine Kinder entstellt wird. Abraham ist der Vater aller Gläubigen. Der Glaube an Gott muss die Völker einander näher bringen, trotz ihrer politischen Streitigkeiten. Der Gläubige muss daher einen konstruktiven Dialog mit den Gläubigen jeder Religion führen. Die Bereitung der Herzen der Gläubigen, versöhnte Herzen, die fähig sind, miteinander zu leben, sind die Voraussetzung für die Schaffung von Frieden und Gerechtigkeit."

Das Volk – das Exil – der Weg

Als ein verbindendes Element dieser drei biblischen Themen – Volk, Exil, Weg – kann die prophetische Ankündigung von Jesaja 48 betrachtet werden, ein Triumphlied, das das Ende des Exils ankündigt:

„Zieht aus Babel aus, flieht aus Chaldäa!
Verkündet es jauchzend, lasst dies hören,
tragt es hinaus bis ans Ende der Erde!
Sagt: Der HERR hat seinen Knecht Jakob ausgelöst."

(Jes 48,20)

Und ein anderes Orakel verkündet:

„Wach auf, wach auf,
bekleide dich mit deiner Macht, Zion,
bekleide dich mit deinen Prunkgewändern, Jerusalem."

(Jes 52,1)

Und wieder:

„Fort, fort! Zieht aus von dort!
Fasst nichts Unreines an!
Zieht aus ihrer Mitte!
Haltet euch rein, die ihr die Geräte des HERRN tragt!
Doch zieht nicht aus in Hast, geht nicht fort in Eile;
denn der HERR geht vor euch her
und er, Israels Gott, ist eure Nachhut!"

(Jes 52,11f)

Ez 36 könnte noch zitiert werden:

„Ich nehme euch heraus aus den Nationen,
ich sammle euch aus allen Ländern
und ich bringe euch zu eurem Ackerboden."

(Ez 36,24)

Das Volk, an das diese und ähnliche Worte gerichtet sind, ist nicht irgendein Volk, sondern das Volk schlechthin, das Volk Gottes. Das Exil ist also keine Strafe ohne Hoffnung, kein Ausschluss aus der Geschichte, sondern eine Zeit der Prüfung im Hinblick auf die Erlösung. Der Weg wird so zu einer Rückkehr voller Zuversicht, wie eine Straße des Lichts, auf der schließlich alle Völker eingeladen sind, Israel zu folgen:

> *„Steh auf, werde licht, denn es kommt dein Licht*
> *und die Herrlichkeit des HERRN geht strahlend auf über dir.*
> *Nationen wandern zu deinem Licht*
> *und Könige zu deinem strahlenden Glanz."*
>
> (Jes 60,1.3)

Diese Verheißung der Rückkehr aus dem Exil berührt also alle Völker:

> *„Ich werde kommen, um alle Nationen und Sprachen zu versammeln, und sie werden kommen und meine Herrlichkeit sehen."*
>
> (Jes 66,18).

Auf diesem Weg, der vom Stern der Erlösung geleitet wird, werden selbst die, die weit weg sind, dem Volk Israel nahe sein; die verstreuten Völker schließen sich zu einem Volk zusammen, um Gott anzubeten und gemeinsam Frieden zu schaffen, den biblischen *Schalom*. Frieden und Einheit sind daher ein einziger prophetischer Schrei, eine einzige Hoffnung, ein inniges Gebet, und das sagen wir uns auch heute, wenn wir die Schreie der vielen Armen hören, die an unsere Tür klopfen, die Schreie der gemarterten Völker in so vielen Teilen der Welt.

In seiner ständigen Spannung zwischen einer vielstimmigen Diaspora und einer nationalen Wiedergeburt im Staat Israel zeugt das jüdische Volk auch heute von dem ständigen Weg vom Partikularen zum Universellen und umgekehrt, im Bestreben, ein neues Volk und einen neuen Menschen, den erneuerten Adam von einst, zu schaffen.

Für die an Jesus Christus Glaubenden lässt sich diese Spannung gut mit den Worten des Paulus an die Epheser ausdrücken:

„Jetzt aber seid ihr, die ihr einst in der Ferne wart, in Christus Jesus, nämlich durch sein Blut, in die Nähe gekommen. Denn er ist unser Friede. Er vereinigte die beiden Teile und riss die trennende Wand der Feindschaft in seinem Fleisch nieder. Er hob das Gesetz mit seinen Geboten und Forderungen auf, um die zwei in sich zu einem neuen Menschen zu machen. Er stiftete Frieden und versöhnte die beiden durch das Kreuz mit Gott in einem einzigen Leib. Er hat in seiner Person die Feindschaft getötet. Er kam und verkündete den Frieden: euch, den Fernen, und Frieden den Nahen" (Eph 2,13-17).

Im Lichte dieser Texte werden wir über die Verbindungen zwischen dem Volk, dem Exil und dem Weg nachdenken.

Kann das jüdische Volk heute noch von einem Christen in die theologische Kategorie „Volk Gottes" eingeordnet werden, d. h. die gleiche Bezeichnung erhalten, die die christliche Kirche sich selbst gibt? In der Tat ist die Kategorie „Volk Gottes" bekanntlich eine derjenigen, die das Zweite Vatikanische Konzil bevorzugt verwendet hat, um die Kirche zu beschreiben: Nachdem im ersten Kapitel von *Lumen Gentium* viele Ausdrücke und Bilder wie Schafstall oder Acker Gottes, Gebäude Gottes, Tempel, Braut, Leib Christi verwendet wurden, wird im zweiten Kapitel das Thema des „Volkes Gottes" entfaltet, eines Volkes, das „Christus zum Haupt hat"; „seinem Stande eignet die Würde und die Freiheit der Kinder Gottes"; „seine Bestimmung endlich ist das Reich Gottes" (LG 9).

In welchem Sinne kann derselbe Ausdruck in der christlich-theologischen Sprache auch die Juden von heute bezeichnen? Eine präzise Antwort auf diese Frage ist wichtig, um die Vorsehungs- und Heilsrolle Israels heute herauszuarbeiten und in einer christlichen Vision der Weltgeschichte mit theologischer Strenge zu bestimmen, wie Kirche und Israel über eine gegenseitige Akzeptanz und Toleranz hinaus einander gemäß Gottes Plan sehen und zusammenwirken können.

Tatsächlich erscheint die Bezeichnung des heutigen jüdischen Volkes als „Volk Gottes" zusammen mit der Kirche Christi zum Beispiel in dem Dokument des Sekretariats für die Einheit der Christen vom 4. Juni 1985 mit dem Titel *Hinweise für eine richtige Darstellung von Juden und Judentum in der Predigt und in der Katechese der katholischen Kirche.* Darin heißt es: „Wenn man die eschatologische Dimension des Christentums unterstreicht, wird man sich darüber hinaus dessen noch klarer bewusst, dass – wenn man die Zukunft betrachtet – das Gottesvolk des Alten und des Neuen Bundes analogen Zielen zustrebt: nämlich der Ankunft oder der Wiederkunft des Messias – auch wenn die Blick- und Ausgangspunkte verschieden sind."[6] Und es fährt fort: „Man legt sich dann auch klarer Rechenschaft darüber ab, dass die Person des Messias, an der das Volk Gottes sich spaltet, auch der Punkt ist, in dem es zusammentrifft. So kann man sagen, dass Juden und Christen einander in einer vergleichbaren Hoffnung begegnen, die sich auf dieselbe Verheißung an Abraham gründet (vgl. Gen 12,1–3; Hebr 6,13–18)."[7]

In diesem Dokument ist also dreimal von einem Volk Gottes die Rede als von den Juden und den Christen von heute. Was ist die genaue Bedeutung eines solchen Ausdrucks, an den wir vielleicht nicht gewöhnt sind, und welche Konsequenzen hat er für unser Handeln als Christen?

Ein anderer Fragenkomplex: Welche Bedeutung kann das Exil für das Volk Gottes haben? Was bedeutet das Exil für das biblische jüdische Volk und was bedeutet es für die christlichen Kirchen? Hat die Erfahrung des Exils eine besondere Bedeutung für die Kirche als Ganzes oder für die verschiedenen Realitäten oder Gruppierungen, aus denen sie besteht?

---

6   Deutsche Bischofskonferenz, Arbeitshilfen 44, 50.
7   Ebd. 50f.

Und schließlich: Können Juden und Christen den Weg aus dem Exil in die Heimat auf irgendeine Weise gemeinsam gehen? Wie wirkt es sich auf die anderen Völker der Erde aus?

DAS VOLK

Lasst uns zunächst im Geist des Glaubens sorgfältig das Geheimnis des jüdischen Volkes betrachten, mit dem die Kirche ein großes geistliches Erbe teilt (auf das das Zweite Vatikanische Konzil im Dekret *Nostra Aetate,* 4, ausführlich eingegangen ist).

Es stimmt zwar, dass es aufgrund des christlichen Glaubens an Jesus Christus, den Erlöser, und der entsprechenden christologischen Lehre erhebliche Unterschiede zwischen Christen und Juden gibt (die vor allem in den heute gängigeren theologischen Kategorien und weniger in den ursprünglichen jüdisch-christlichen Formulierungen deutlich werden), aber es stimmt auch, dass die Kinder Israels *von Gott Geliebte bleiben um der Väter willen* (Röm 11,28) und als Erstgeborene an den geistlichen Schätzen des Bundes Gottes mit Abraham und Mose teilhaben. Sie sind daher unsere „älteren Brüder im Glauben Abrahams" (Johannes Paul II., 31. Dezember 1986), denn „ihnen gehören die Sohnschaft, die Herrlichkeit und die Bundesschlüsse; ihnen ist das Gesetz gegeben, der Gottesdienst und die Verheißungen; ihnen gehören die Väter und ihnen entstammt der Christus dem Fleische nach. Gott, der über allem ist, er sei gepriesen in Ewigkeit" (Röm 9,4f).

Zu diesen Glaubensschätzen des jüdischen Volkes gehören insbesondere die hebräischen Heiligen Schriften, die *Tora,* die *Nevi'im* (Propheten) und die *Ketuvim* (Schriften), die Teil des christlichen Kanons geworden sind. Der *Katechismus der Katholischen Kirche* fasst eine zweitausend Jahre alte Tradition zusammen und sagt: „Das Alte Testament ist ein unaufgebbarer Teil der Heiligen Schrift. Seine Bücher sind von Gott inspiriert und behalten einen dauernden Wert, denn der Alte Bund ist nie widerrufen worden" (Nr. 121).

Der jüdische Philosoph Franz Rosenzweig schrieb in seinem Buch *Der Stern der Erlösung*: „Es waren immer die verkappten Feinde des Christentums, von den Gnostikern an bis auf den heutigen Tag, die ihm sein ‚Altes Testament' nehmen wollten"[8]; gerade das Alte Testament ermöglichte dem Christentum den Widerstand gegen seine eigenen inneren Gefahren. Und der heilige Ambrosius sagte: „Trinke zuerst das Alte Testament und dann das Neue Testament. Wenn du das erste nicht trinkst, wirst du das zweite nicht trinken können."[9]

Schätze, die Juden und Christen gemeinsam haben, sind auch die Offenbarung des einen Gottes, der Schöpfer und Vater ist, aber auch zärtlich und mütterlich; das Geschenk der Gebote, die eine universelle ethische Dimension haben und von ewigem Wert für die Menschheit sind; die gesamte *Tora* und das Studium *(Talmud)* des offenbarten Wortes.

Die Beschneidung ist eines der besonderen Zeichen für den Glauben des Volkes Israel. Der Katechismus der Katholischen Kirche spricht davon wie folgt: „Die Beschneidung Jesu am achten Tag nach seiner Geburt (vgl. Lk 2,21) ist Zeichen dafür, dass er in die Nachkommenschaft Abrahams, in das Bundesvolk eingegliedert, dem Gesetz unterworfen (vgl. Gal 4,4) und zum Kult Israels bestellt ist, an dem er während seines ganzen Lebens teilnehmen wird. Sie ist ein Vorzeichen der ‚Beschneidung, die Christus gegeben hat', ‚der Taufe' (Kol 2,11f)" (Nr. 527). Man kann also verstehen, dass der heilige Thomas von Aquin dieses Ereignis in der Kindheit Jesu ausführlich studierte und am Ende der *Summa* zu dem Schluss kam, dass die Beschneidung „Gnade

---

8   Franz Rosenzweig, Der Stern der Erlösung, Frankfurt a. M. 1921, 518f.
9   *Kommentar zu den zwölf Psalmen*, Ps 1,33.

schenkte", als „Zeichen des Glaubens an die zukünftige Passion Christi". Und in einer Antwort auf einen Einwand fügt er hinzu: „Sed et circumcisio, si haberet locum post passionem Christi, introduceret in regnum" – „Und bestände die Beschneidung noch nach dem Leiden Christi, so würde sie unmittelbar in den Himmel führen."[10]

Es gibt viele verschiedene Möglichkeiten, sich dem Volk Israel und seinem Geheimnis zu nähern. Der *Katechismus der Katholischen Kirche* erinnert uns an mehrere, darunter die Epiphanie Christi: „Die *Epiphanie* [Erscheinung des Herrn] ist die Offenbarung Jesu als Messias Israels, als Sohn Gottes und Erlöser der Welt bei seiner Taufe im Jordan, bei der Hochzeit zu Kana und bei der Anbetung durch die ‚Sterndeuter aus dem Osten' (Mt 2,1) … Dass die Weisen nach Jerusalem kommen, ‚um [dem König der Juden] zu huldigen' (Mt 2,2), zeigt, dass sie im messianischen Licht des Davidsterns (vgl. Num 24,17; Offb 22,16) in Israel nach dem suchen, der König der Völker sein wird (vgl. Num 24, 17-19). Ihr Kommen bedeutet, dass die Heiden nur dann Jesus entdecken und ihn als Sohn Gottes und Heiland der Welt anbeten können, wenn sie sich an die Juden wenden (vgl. Joh 4,22) und von ihnen die messianische Verheißung empfangen, wie sie im Alten Testament enthalten ist (vgl. Mt 2,4-6). Die Epiphanie bekundet, dass ‚alle Heiden in die Familie der Patriarchen eintreten' (Leo d. Gr., serm. 23) und die ‚Würde Israels' erhalten sollen (Missale Romanum, Osternacht 26: Gebet nach der 3. Lesung)" (Nr. 528).

Zum Thema des jüdischen Volkes und seiner aktuellen Mission seien noch einige andere maßgebliche päpstliche Aussagen in Erinnerung gerufen: „Gott handelt aus freier Liebe. Diese Liebe verbindet Israel auf besondere und außerge-

---

10   „Et ideo dicendum quod in circumcisione conferebatur gratia quantum ad omnes gratiae effectus […] in quantum erat signum passionis Christi futurae", *Summa Theologiae*, III^a q. 70 a. 4; zu dem Einwand: ebd. ad 4.

wöhnliche Weise mit Gott, dem Herrn. Durch sie ist Israel zu Gottes Eigentum geworden ... So wurde im Bund [vom Sinai] ein neues Volk geboren, nämlich das Volk Gottes ... Israel ist dazu berufen, ein Volk von Priestern zu sein."[11] „Israel erfährt einen persönlichen und rettenden Gott (vgl. Dtn 4,37; 7,6-8; Jes 43,1-7), dessen Zeuge und Wortführer es unter den Völkern wird. Im Laufe seiner Geschichte wird Israel bewusst, dass seine Mission eine universelle Bedeutung hat (vgl. z. B. Jes 2,2-5; 25,6-8; 60,1-6; Jer 3,17; 16,19)."[12]

Mit diesen kurzen Bemerkungen können wir vielleicht besser in die Tiefen des Geheimnisses des jüdischen Volkes eindringen und in die daraus resultierende Gemeinschaft, die uns von den Wurzeln der Kirche, dem Volk des erneuerten und ewigen Bundes, her mit ihm verbindet. Papst Johannes Paul II. fasste am 6. Dezember 1990 anlässlich des 25. Jahrestags von *Nostra aetate* die grundlegenden Elemente zusammen, auf denen die religiösen Beziehungen zwischen diesen beiden Teilen des Volkes Gottes heute aufgebaut werden können; zu den anwesenden Juden sagte er:

„Wenn wir die jüdische Tradition betrachten, stellen wir fest, wie sehr ihr die Heilige Schrift, die *Miqrah* und vor allem die *Tora* verehrt. Ihr lebt eine besondere Beziehung zur *Tora*, der lebendigen Lehre des lebendigen Gottes, und studiert sie mit Liebe im *Talmud Tora*, um sie mit Freude zu praktizieren. Ihre Lehre der Liebe, der Gerechtigkeit und des Gesetzes wird in den Propheten – *Nevi'im* – und in den *Ketuvim* wiederholt. Gott, seine heilige *Tora*, die synagogale Liturgie und die Familientraditionen sind aus religiöser Sicht sicherlich charakteristische Elemente für euer Volk. Und diese Elemente sind die Grundlage unseres Dialogs und unserer Zusammenarbeit."

---

11   Johannes Paul II., Mittwochskatechese, 16.8.1989.
12   Ders., Redemptoris Missio, 12; Enchiridion Vaticanum 12/574.

Auch das jüngste *Grundsatzabkommen* zwischen dem Heiligen Stuhl und dem Staat Israel (30. Dezember 1993) verweist eindeutig auf diese ganz besonderen Beziehungen zwischen der Kirche und dem jüdischen Volk.

DAS EXIL

Die Erfahrung des Exils, des Fernseins von der Heimat, ist schon in den Anfängen der biblischen Geschichte präsent: Adam und Eva werden aus dem Paradies vertrieben, Kain flieht nach seinem Brudermord in ein Versteck, die Völker werden fern von Babel verstreut. Exil und Gefangenschaft betreffen das jüdische Volk dann direkter: Josef wird als Sklave an die Ägypter verkauft, Israel – das Volk des Nordreichs – wird 722 v. Chr. den Assyrern unterworfen, Juda und Jerusalem werden schließlich 586 v. Chr. von den Babyloniern zerstört. Dann kam das letzte, schier endlose Exil, von 70 n. Chr. bis 1948, dem Jahr der Wiedergeburt des Staates Israel im Land der Väter.

Wie wir bereits in Bezug auf das Volk Gottes gesehen haben, kehren einige grundlegende Dimensionen des Lebens Israels in der Erfahrung des Exils zurück: seine Beziehung zum Gott des Bundes, zum Heiligen Land und zu den anderen Völkern, unter die es zerstreut ist. Schließlich, fast an der Grenze jeder gelebten und möglichen Erfahrung, gibt es einen Abgrund unaussprechlichen Grauens, der das jüdische Volk über das Exil hinaus in eine dunkle Nacht in Europa unter der Naziherrschaft führte: die systematische Vernichtung, die Shoah. Während vom Exil erwartet werden konnte, dass „ein Rest zurückkehren wird", der heilige Spross der Erlösung, wird diese Hoffnung mit der Shoah prinzipiell negiert. Wir können sagen, dass mit der Shoah ein doppelter Ausgang des Exils möglich erscheint: sowohl als Erlösung (der von den Propheten angekündigte traditionelle Ausgang) als auch als Anti-Erlösung (der teuflische Ausgang der Vernichtung des jüdischen Volkes).

Das Exil an sich zerstört die Beziehung zwischen Gott und seinem Volk nicht, sondern lässt sie im Gegenteil reifen und bereitet es auf Bekehrung und Erlösung vor, wobei es die Notwendigkeit dafür noch verstärkt. Indem das Exil die Menschen zwingt, fern von Jerusalem zu sein, wird ihnen in ihrem Schmerz die ganze Tiefe und der spirituelle Wert des Allerheiligsten und der Opfer bewusst, die mit der Zerstörung des Tempels wegfielen. Die *Shekinah, die* Herrlichkeit Gottes, verlässt das Volk deshalb nicht, sondern geht mit ihm ins Exil inmitten der heidnischen Völker und bereitet so weiterhin die universelle Ausbreitung der Heilsbotschaft vor, die am Anfang an ein bestimmtes Volk gerichtet war. Der Prophet Ezechiel sieht die Herrlichkeit Gottes unter den Deportierten in Babylon: „So kam ich zu den Verschleppten aus Tel Abib, dorthin, wo sie wohnten, sie wohnten nämlich am Fluss Kebar, wo sie sich niedergelassen haben …, und siehe, dort stand die Herrlichkeit des HERRN" (Ez 3,15.23); der Prophet beschreibt auch den Auszug der *Shekinah:* „Da zog die Herrlichkeit des HERRN aus, weg von der Schwelle des Tempels" (Ez 10,18). In einem Text der späteren Überlieferung wird ein Satz von R. Schimon ben Jochaj hinzugefügt: „Komm und sieh, wie lieb Israel dem Heiligen, gepriesen sei Er, ist: An jedem Ort, wohin sie verbannt wurden, war die Gegenwart Gottes mit ihnen" (Megillot 29a).

Im tausendjährigen Exil erklingen die Jeremia zugeschriebenen Klagelieder und die Elegien voller Rührung und Trauer über den zerstörten Tempel am ergreifendsten. Das Exil ist ein ständiger Aufruf zur Abkehr von der Sünde und zur Mission Israels unter den heidnischen Völkern.

In diesem Sinne ist das Exil Israels exemplarisch für jedes ähnliche Ereignis in der Geschichte. Das Exil ist in der Tat eine schmerzhafte und oft dramatische Situation, die auf unterschiedliche Weise viele Menschen und soziale Gruppen betrifft. Auch heute noch gehen die Phänomene der Auswanderung, der Kriege und der Flucht ganzer Bevölkerungsgruppen uns alle an. Die beispielhafte Antwort des jüdischen Volkes kann daher als paradigmatisch angesehen werden: In Situationen des Exils wird intensiver gebetet, das Bewusstsein der Geschwisterlichkeit reift, neue Bande und Strukturen der Solidarität werden geschaffen.

Ganz anders verhält es sich mit dem Leben nach der Shoah. Die Unermesslichkeit des Martyriums des jüdischen Volkes scheint uns hier zu einer unendlichen Stille einzuladen, aus der eine Bitte, eine Geste, ein Schrei nach Vergebung wegen des begangenen Übels hervorbrechen kann. Die Bekehrung nach der Shoah ist ein dringender und notwendiger Aufruf, nicht für das jüdische Volk im Exil, sondern für diejenigen, die die Vernichtung dieses Volkes geplant und vorbereitet haben – und damit absurderweise auch die Vernichtung Gottes selbst, wenn das möglich wäre. Das absolute und monströse Heidentum erschien im Zentrum Europas des 20. Jahrhunderts, nachdem zweitausend Jahre lang das Evangelium verkündet worden war.

Leider müssen wir feststellen, dass das Christentum häufig eine „Lehre der Verachtung" gegenüber unseren jüdischen Brüdern und Schwestern vertreten hat. Nach der Shoah müssen wir sie durch die „Lehre des Respekts", des Wissens, der Wertschätzung und der geschwisterlichen Liebe ersetzen. Wir müssen auch darauf achten, dass die Stimmungen der Vergangenheit nie wiederkehren, weder in der Kirche noch in der Gesellschaft, auch nicht unter jungen Menschen. Wir bedürfen der Umkehr, *Teschuwa,* um gemeinsam auf den Weg des Heils zurückzukehren. Lasst uns den Herrn bitten, uns neue Augen und neue Energie für diese Pilgerreise zu schenken!

Indem das jüdische Volk uns hilft, die Bedeutung jeder schmerzhaften Ferne von der Heimat zu verstehen, lädt es uns dazu ein, über besondere Formen des Exils nachzudenken, die das Volk der Christen, das Volk aller an Christus Glaubenden (Katholiken, Orthodoxe, Protestanten) kennt ... Es gibt viele historische Geschehnisse, die als Exil verstanden werden können, ein Fern-Sein der Heimat, der gewohnten Kultur, des kulturellen, sozialen oder auch politischen Kontextes, an den man sich gewöhnt bzw. mehr oder weniger angepasst hatte. Jeder Verlust einer früheren Verwurzelung, eines sicheren Bodens unter den Füßen, eines Landes, auf das man sich verlassen kann, eines spirituellen Zuhauses, in dem man in Ruhe leben kann, ist eine Prüfung, ein Leiden, oft ein schmerzhafter Riss, ein Trauma.

Man kann darauf mit Wut reagieren oder mit resignierter Nostalgie. Oder damit, dass man die Augen vor den Tatsachen verschließt und nicht wahrhaben will, was vorbei ist. Oder dass man um jeden Preis zu dem zurückkehren will, was war. Doch man kann auch so reagieren, wie es die Propheten Israel gelehrt haben: die Hand Gottes anerkennen, sich von der Prüfung läutern lassen und ihren Sinn suchen.

Eine besondere Form des Exils, des Entzugs der Heimat, ist das kulturelle Exil, das Entschwinden des selbstverständlichen Untergrunds, auf dem wir unsere Gedanken ausdrückten, der Verlust von Gewohnheiten, die selbstverständlich schienen. Es gibt, das sollte klar sein, einige Gewissheiten, die niemals verblassen: die Gewissheit der Liebe Gottes, die durch den Heiligen Geist in unsere Herzen ausgegossen wurde, die Liebe, mit der Christus uns sogar bis in den Tod geliebt hat. Daran kann es keinen Zweifel geben. Wie Paulus sagt: *Die Hoffnung enttäuscht nicht* (vgl. Röm 5,5). Wohl aber gibt es allzu kategorische Urteile, Denkgewohnheiten, ideologische Muster, auf die wir uns verlassen, und es ist gut, diese manchmal zu hinterfragen, um das Wesentliche zu erfassen. Das Exil wird dann zu einem Ansporn für den Weg.

DER WEG

Die Kirche glaubt, dass sie das Volk Gottes auf der Pilgerreise in der Welt ist, ein Volk, das stets der Umkehr bedarf und in Christus dazu berufen ist, Diener des Friedens unter den Menschen und Völkern zu sein. Zugleich erkennt die Kirche im jüdischen Volk ein Volk an, das ebenfalls zu einer besonderen Mission der Heiligkeit und des Friedens in der Welt berufen ist.

Denkerinnen und Denker, Theologinnen und Theologen sowie Exegetinnen und Exegeten haben die Pflicht, über die verschiedenen Aspekte dieses Volkes Gottes nachzudenken, das sich in zwei verschiedenen Glaubensgemeinschaften präsentiert. Aber die Tatsache, dass wir nach zweitausend Jahren der Entfremdung, der Missverständnisse und Verfolgung wieder begonnen haben, miteinander zu reden und gemeinsam zu gehen, gemeinsam für Frieden und Gerechtigkeit zu arbeiten, ist vielleicht ein bedeutenderes Zeichen als die theologischen Demonstrationen, die wir auch dringend brauchen. So sagte Kardinal Ratzinger am 2. Februar 1994 in Jerusalem auf einer interreligiösen Konferenz: „Ich denke, dass unsere Hauptaufgabe klarer geworden ist ... Juden und Christen sollten einander in einem tiefen Geist der inneren Versöhnung akzeptieren, nicht in Verachtung oder Verleugnung ihres eigenen oder anderen Glaubens, sondern wegen der Wurzeln ihres Glaubens. In ihrer gegenseitigen Versöhnung sollten sie eine Kraft für den Frieden in der Welt und für die Welt werden. Durch ihr Zeugnis für den einen Gott, der ohne eine einzigartige Gottes- und Nächstenliebe nicht angebetet werden kann, sollen sie die Tür für Gott in der Welt öffnen, damit sein Wille ‚auf Erden geschieht, wie im Himmel‘, damit ‚sein Reich komme‘." Unser gemeinsamer Weg ist eine aktive und betende Pilgerfahrt zur Stadt Gottes, dem himmlischen Jerusalem, zu dem, was wir alle als „unseren Ort" bezeichnen können, „unser Land".

Wir können einem jener großen Gebete lauschen, die den Glauben des jüdischen Volkes auf seinem Weg nähren, dem *Ahavà rabbà*:

„Mit großer Liebe hast du uns geliebt, o Herr, unser Gott; mit großer und unendlicher Huld hast du uns zum Gegenstand deiner Barmherzigkeit gemacht.
Unser Vater, unser König, in der Gnade unserer Vorväter, die an dich geglaubt haben und die du deine Lebensgesetze gelehrt hast, sei auch uns gnädig und lehre uns.
Unser Vater, unser barmherziger, verzeihender Vater, sei uns gnädig und gib unseren Herzen die Fähigkeit, zu unterscheiden und zu verstehen, zuzuhören, zu lernen und zu lehren, alle Worte, die wir in deiner Tora studieren, zu beachten und mit Liebe zu praktizieren. Erleuchte unsere Herzen mit dem Licht deines Gesetzes, lenke unsere Herzen auf deine Gebote und richte unseren Verstand darauf aus, deinen Namen zu lieben und zu fürchten, damit wir uns niemals schämen müssen.
Wir vertrauen auf deinen heiligen, großen und ehrwürdigen Namen, und deshalb werden wir uns freuen und froh sein über deine Hilfe. Versammle uns in Frieden aus den vier Enden der Erde und bringe uns hoch erhobenen Hauptes in unser eigenes Land zurück.
Denn du bist Gott, der Urheber des Heils, und uns hast du aus allen Völkern und Sprachen erwählt, du hast uns in die Nähe deines großen Namens gezogen, damit wir dich preisen und deine Einzigkeit mit Eifer verkünden. Gesegnet bist du, Herr, der du in deiner Liebe dein Volk Israel erwählt hast."

Das Ziel und Zentrum des Weges der Völker ist Jerusalem. Wir erheben unsere Augen dorthin, unser Herz betet für seinen Frieden. Aber wir werden dabei das unermessliche Leid in der Welt nicht vergessen. Arbeiten wir zusammen, hier und überall! Unter den gemeinsamen Verpflichtungen möchte ich auch diejenige erwähnen, die in den Vereinbarun-

III – Die jüdisch-christlichen Beziehungen

gen zwischen dem Heiligen Stuhl und dem Staat Israel enthalten ist, nämlich alle Formen von Antisemitismus und alle Arten von Rassismus und religiöser Intoleranz zu bekämpfen. Dieses Engagement muss immer hochgehalten werden, in allen Bereichen.

Weitere Bereiche und Möglichkeiten der Zusammenarbeit wurden vom Internationalen Katholisch-Jüdischen Komitee festgelegt, das 1970 gegründet wurde. Familie, Ökologie und Menschenrechte wurden diskutiert. Vielleicht zum ersten Mal seit dem Konzil von Jerusalem 49 n. Chr. wurden religiöse Themen und Gebote, die von der jüdischen Gemeinschaft und Tradition und der christlichen Gemeinschaft ausdrücklich ausgearbeitet worden waren (in diesem Fall in Bezug auf die Familie), als solche bekräftigt und als solche in ein gemeinsames Dokument über die Familie aufgenommen. Diese gemeinsame Erklärung bekräftigt „den heiligen Wert einer stabilen Ehe und Familie". Weiter heißt es: „Die Familie ist das wertvollste Gut der Menschheit. Für Juden und Christen ist es eine stabile Gemeinschaft der Liebe und Solidarität, die auf dem Bund Gottes beruht."

Auf unserem gemeinsamen Weg beginnen wir zu erfahren und zu verstehen, dass die christliche Identität die jüdische Identität und die *Tora* nicht verleugnen muss, um sich selbst zu bestätigen, und dass umgekehrt die jüdische Identität sich nicht selbst bestätigt, indem sie den Wert der Kirche, des durch das Blut Christi erneuerten Bundesvolkes, leugnet. Noch stärker – es ist keine Symmetrie! – müssen wir Christen die jüdische Identität und die *Tora* bekräftigen, um die Kirche zu verstehen. Franz Rosenzweig drückt dies treffend aus: „Hätte darum der Christ nicht in seinem Rücken den Juden stehen, er würde sich, wo er wäre, verlieren."[13]

---

13 Der Stern der Erlösung, a. a. O., 518.

Ich sehe eine große Warnung und eine große Sendung. Es ist notwendig, die eigene Identität nicht in Opposition, sondern in Offenheit und Verständnis zu bekräftigen. Wir werden uns selbst immer besser verstehen können, je mehr wir uns bemühen, viele andere zu verstehen, zu lieben und zu schätzen, auch wenn sie ganz anders sind, und nach den Wurzeln für ein gemeinsames Engagement suchen.

Zum gemeinsamen Engagement für die Familie heißt es in dem erwähnten jüdisch-christlichen Dokument: „Die Gesellschaft ist aufgerufen, die Rechte der Familie und der Familienmitglieder, insbesondere der Frauen und Kinder, der Armen und Kranken, der sehr Jungen und der Alten, auf körperliche, soziale, politische und wirtschaftliche Sicherheit zu wahren. Die Rechte, Pflichten und Möglichkeiten von Frauen sowohl im Hause als auch in der Gesellschaft müssen respektiert und gefördert werden. Indem wir die Familie bejahen, wollen wir gleichzeitig auch andere Menschen wie Unverheiratete, Alleinerziehende, Witwen und Witwer und Kinderlose … ansprechen." Und es wird darauf verwiesen, dass „angesichts der heutigen globalen Dimension der sozialen Frage" eine Ausweitung „der Zusammenarbeit für ein neues Gefühl der internationalen Solidarität" vonnöten ist.

Unsere gegenseitige Entfremdung als Juden und Christen hat zwanzig Jahrhunderte gedauert und die Welt um immense geistige Reichtümer gebracht. Es war ein gemeinsames Exil aus dem Land Gottes und aus dem Haus unserer Schwestern und Brüder.

Jetzt ist die richtige Zeit, der *Kairos*: Lasst uns als Brüder und Schwestern daran arbeiten, dass andere Brüder und Schwestern, andere Völker aus dem Exil auf den gemeinsamen Weg kommen, auf die heilige Pilgerreise nach Jerusalem, das unsere Mutter ist, die Stadt des Friedens und der Gerechtigkeit.

Der Weg zur geschwisterlichen Begegnung mit Israel führt über Auschwitz

In Polen, unweit von Krakau, liegt die Stadt Oświęcim. Ein großer Teil der Landschaft ist noch immer von dem deutschen Vernichtungslager geprägt, in dem die Juden ermordet wurden: Auschwitz-Birkenau. Märtyrer und Helden, Kinder und Alte wurden in die Gaskammern geschickt. Auch viele andere Unschuldige, Polen und Menschen aus allen europäischen Nationen, darunter der heilige Maximilian Kolbe, Sinti, Roma, Homosexuelle und andere fanden hier einen grausamen Tod. Vor allem aber ist Auschwitz zum Symbol für die Shoah, den Völkermord an den Juden in Europa, geworden.

Die Shoah markiert die Barbarei und den verbrecherischen Plan, der in Europa wütete und unzählige grundlose Grausamkeiten hervorbrachte. Giuseppe Dossetti schreibt in der Einleitung zu *Le querce di Contesole:* „Auschwitz war nicht nur eine schreckliche isolierte Episode, auch nicht nur eine bestimmte Periode der modernen Geschichte, sondern ein Wendepunkt, eine neue Ära, in der der technologische Fortschritt, die politische Planung, die heutigen bürokratischen Systeme und das völlige Verschwinden traditioneller moralischer Bindungen zusammenkamen, der die Massenvernichtung von Menschen zu einer allgegenwärtigen Möglichkeit gemacht hat."[14]

Papst Johannes Paul II. reiste auf einer seiner ersten Reisen im Juni 1979 nach Auschwitz, um der Opfer der Shoah zu gedenken und zu bezeugen, dass wir uns nur dann für Umkehr, Vergebung und Hoffnung öffnen können, wenn wir uns erinnern und lehren, uns zu erinnern. Die Ungeheuer

---

14   Le querce di Montesole, vita e morte delle comunità martiri nell'Appennino Bolognese, Bologna 1986, S. XXVI, eigene Übersetzung.

des Nationalismus, des Rassismus, des ideologischen und religiösen Fanatismus können immer noch neue Generationen faszinieren, wenn wir diese der Erinnerung berauben.

Nach Auschwitz sind auch wir gerufen. An der Schwelle zum dritten Jahrtausend der Erlösung müssen wir innehalten auf dem Weg zum Sinai und nach Jerusalem, uns besinnen, gewissermaßen eine Pause einlegen, die weh tut: Der Weg zur geschwisterlichen Begegnung mit Israel führt nun zwangsläufig über Auschwitz. Und auch viele andere Wege der Begegnung zwischen Männern und Frauen am Ende dieses Jahrhunderts führen über Auschwitz: Es ist ein Ort der Stille, der Besinnung und des Gebets, von dem der Auftrag ausgeht, gemeinsam an einer Welt des Friedens zu bauen.

Eine ernste pädagogische Verantwortung

Damit sich die Verheißung des Friedens erfüllt, müssen die Herzen zu Respekt, Begegnung und Dialog erzogen werden.

Denken wir nur daran, was die Veröffentlichung des *Rassenmanifests* (5.9.1938) in Italien bedeutete. Im damaligen kulturellen Umfeld wurde der Aufruf von Pius XI. nicht verstanden: „Wir sind geistig semitisch", „Antisemitismus ist unzulässig". Es liegt jetzt an uns, eine Theologie, eine Exegese, eine Geschichte und eine Rechtsprechung zu erarbeiten, die nach der Tragödie der Shoah die bleibende ethische Dimension menschlicher Existenz und die besondere Berufung des jüdischen Volkes durch Gott nicht vergessen.

Leider ist etwas Wahres an dem, was Elie Wiesel 1977 schrieb, nachdem er jahrzehntelang über das Mysterium des Todes in Auschwitz gesprochen hatte: „Das Zeugnis ist nicht gehört worden. Die Welt ist immer noch dieselbe."[15]

---

15   Elie Wiesel, Art and Culture after the Holocaust, in Auschwitz: Beginning of a New Era?, New York 1977, S. 405.

Und ein anderer jüdischer Denker, S. Shapiro, nannte als Grund: „Das Zeugnis wird in einem unwirtlichen Kontext gehört, einer ungebrochenen Theologie und einer traditionellen Hermeneutik."[16]

Den „Schalom" aufbauen

Die Propheten Israels laden uns immer noch dazu ein, hoffnungsvoll nach Jerusalem zu blicken, um Bauherren des Friedens zu werden: „Juble laut, Tochter Zion, juble laut, Tochter Jerusalem! Siehe, dein König kommt zu dir ..., vernichtet wird der Kriegsbogen. Er verkündet den Völkern Frieden" (Sach 9,9f).

Dies ist das Programm, das das Zweite Vatikanische Konzil im Dekret *Nostra Aetate* dargelegt hat, nachdem es an das heilige Band erinnert hat, das die Kirche und Israel verbindet: „Wir können also Gott, den Vater aller, nicht anrufen, wenn wir irgendwelchen Menschen, die ja nach dem Ebenbild Gottes geschaffen sind, die brüderliche Haltung verweigern ... So wird also jeder Theorie oder Praxis das Fundament entzogen, die zwischen Mensch und Mensch, zwischen Volk und Volk bezüglich der Menschenwürde und der daraus fließenden Rechte einen Unterschied macht" (Nr. 5).

Jüdinnen und Juden, Christinnen und Christen, Männer und Frauen guten Willens ... – die Tragödie der Shoah drängt uns alle zur Zusammenarbeit, um die Stadt der Menschen in Frieden, die Stadt Gottes in Frieden, *Schalom,* zu bauen.

Ich schließe mit den Worten von Primo Levi, die am Eingang der Gedenkstätte für die in Auschwitz begrabenen Italiener eingraviert sind:

---

16 In: Concilium (1984) 5, 19 (it.). – Dazu macht Giuseppe Dossetti in dem oben zitierten Buch eine interessante Bemerkung: Le querce di Montesole, a. a. O., XXVIs.

„Besucher, schau dir die Überreste dieses Lagers an
und meditiere.
Wo auch immer du herkommst, du bist kein Fremder.
Möge deine Reise nicht vergeblich gewesen sein,
möge unser Tod nicht vergeblich sein.
Möge die Asche von Auschwitz
eine Warnung für dich und deine Kinder sein.
Gib, dass die schreckliche Frucht des Hasses,
deren Spuren du hier gesehen hast,
nicht morgen oder in der Zukunft neue Samen säen kann."

IV

Frieden auf den Mauern der Heiligen Stadt

Ein Schrei nach *Intercessio* (Fürbitte)

Ein Bußgebet und ein Bekenntnis

Angesichts jedes blutigen Konflikts können wir uns in die Sphäre des Gebets begeben wie Nehemia in seinem Bußgebet (Neh 9): in die Sphäre der Anrufung, der Fürbitte, der Reue und der Buße. Da aber stellt sich die Frage: Ist das nicht ein unfruchtbares Terrain, eine Sphäre, die uns dazu bringt, Probleme auszuweichen, statt sie anzugehen und zu lösen?

Natürlich gibt es für jemanden, der wenig oder gar keinen Glauben hat, keine andere Sprache als die der menschlichen Argumente und vor allem der starken Argumente. Der Gläubige kann sich jedoch nicht darauf beschränken: Für ihn gibt es den unerforschten Raum des Glaubens, der die menschlichen Angelegenheiten tiefer erfasst und in sie eindringt.

Diskussionen über politische Ethik oder das Völkerrecht drehen sich immer um die Frage, was richtig ist und was nicht. Und hinter dieser Frage steht eine andere: Wer hat recht und wer hat unrecht? Es sind berechtigte Fragen, die nicht außer Acht gelassen werden dürfen.

Ich greife die abschließenden Worte des Gebets von Nehemia auf: „Wir sind in großer Not" (Neh 9,37). Ich sage es von mir und gestehe: Mein Herz ist beunruhigt, mein Gewissen ist zerrissen, meine Gedanken gehen in die Irre. Wir alle, ausnahmslos, Gläubige und Ungläubige, können es wiederholen: Unsere Herzen sind aufgewühlt, unser Gewissen ist zerrissen, unsere Gedanken schweifen ab, unsere Meinungen gehen mal in diese, mal in jene Richtung.

Unsere Verwirrung und Angst sind nicht nur verursacht durch die Trauer um die Toten, die Tränen um alle Verwundeten, die Sorgen um die Flüchtlinge, die Obdachlosen, um jene, die Tag und Nacht in der Angst vor den Bombardierungen leben. Verwirrung gibt es auch im ethischen und politischen Bereich, es gibt widersprüchliche Überlegungen, mal so, mal so, und die unterschiedlichsten Urteile. Ich möchte noch mehr sagen: Verwirrung und Angst betreffen auch den Bereich des Glaubens und des Gebets. Und warum? Die Antwort ist ganz einfach. Denn eine Frage kommt uns spontan über die Lippen, fast wie ein Protest Gott gegenüber: *Wir haben so viel gebetet, wir haben so sehr um Frieden gefleht, unsere Kinder haben gebetet, unsere Kranken haben gebetet und ihr Leid dargebracht, aber du, Herr, hast uns nicht erhört! Warum?!* (vgl. Ps 88,15; 44,25; 22,2.3).

Nicht erhört zu werden bringt viel Leid mit sich, es berührt das Herz des Glaubens. Warum, Herr, hörst du nicht auf uns?! Warum verbirgst du dein Angesicht?! Auf dich hofften unsere Väter, sie hofften – und du hast sie erlöst. Ich aber schreie bei Nacht, und du hörst nicht, bei Tag, und du merkst es nicht!

Derartige Worte aus den Psalmen kommen uns auf die Lippen, Worte, die nicht von uns erfunden wurden, sondern von den Gläubigen Israels vor über zweitausend Jahren gesprochen wurden, die auch schon mit dieser Klage und Angst im Herzen vor Gott standen.

Und wir machen uns auch die bitteren Worte des Propheten Nehemia zu eigen, die sich auf eine traurige Klage des Volkes Israel beziehen, in einem dunklen Moment der Geschichte, einige Jahrhunderte vor Christus. Wir hören den Schrei in uns aufsteigen: *Wir haben gesündigt wie unsere Väter!* „Du hast uns deine Treue bewiesen, wir aber haben gesün-

IV – Frieden auf den Mauern der Heiligen Stadt

digt" (Neh 9,33). Hier wird ein erster Grund benannt, warum wir oft nicht erhört wurden. In unseren Gebeten haben wir nicht mit einem klaren Eingeständnis unserer Verfehlungen begonnen und den Wunsch nach Wiedergutmachung bekundet. „Sie lebten", sagt Nehemia, „in ihrem eigenen Königreich, in der Fülle des Reichtums, den du ihnen gewährt hast … Sie aber haben dir trotzdem nicht gedient und sich nicht von ihrem bösen Treiben abgewandt" (Neh 9,35). Wir bekennen: Wir haben uns an unser Wohlergehen gehängt, wir haben es in jeder Hinsicht ausgenutzt, wir haben einen Götzen daraus gemacht; und in der Sorge, unser Wohlbefinden könnte ausbleiben, haben wir dann verlangt, dass du, o Gott, uns unsere Wünsche erfüllst!

Ich möchte ein ergreifendes Gebet von Paul VI. zitieren, das vor vielen Jahren entstand und in dem es unter anderem heißt: „Herr, unsere Hände sind noch blutig von den letzten Weltkriegen … Herr, wir sind heute so bewaffnet, wie wir es in den Jahrhunderten zuvor nie waren, und wir sind so mit tödlichen Werkzeugen beladen, dass wir in einem Augenblick die Erde in Brand setzen und vielleicht die Menschheit vernichten können. Herr, wir haben die Entwicklung und den Wohlstand vieler unserer kolossalen Industrien auf die dämonische Fähigkeit gegründet, Waffen aller Kaliber zu produzieren, die alle darauf abzielen, unsere Mitmenschen zu töten und auszurotten; so haben wir das grausame Gleichgewicht der Wirtschaft so vieler mächtiger Nationen auf den Waffenmarkt für arme Nationen, denen es an Pflügen, Schulen und Krankenhäusern mangelt, gegründet." Paul VI. spricht viele der sozialen Sünden unserer Zeit an, offenkundige Sünden, die wir aber zu verdrängen versuchen, an die wir nicht denken wollen. Wir können jedoch nicht verbergen, dass die offensichtlichen Egoismen, die manchmal an die Oberfläche kommen, dunkle und schattenhafte Ursprünge in den Tiefen unserer eigenen Herzen haben. Und wir sind nicht zu einer ernsthaften Gewissenserforschung fähig …

Jemand hat zu Recht gesagt: „Den Strömen von Blut gehen immer Sturzbäche von Schlamm und Dreck voraus." Wir alle, Männer und Frauen aus allen Ländern und Breitengraden, sind schon in solchen Fluten gewatet: Die Unmoral des Lebens, der persönliche und gruppenbezogene Egoismus, die politische Korruption, der zwischenmenschliche und familiäre Verrat und die Untreue, die Gleichgültigkeit, die Trägheit und die Verschwendung von Lebensenergie für eitle, frivole oder schädliche Dinge, die Gefühllosigkeit gegenüber den Millionen von Menschen, die nicht das Licht der Welt erblickt haben, weil sie abgetrieben wurden, das Abwenden des Kopfes vom Elend der Menschen in der Nähe oder in der Ferne, der Drogenhandel … Ja, in unterschiedlichste Schlammströme sind wir hineingestiegen und haben uns dabei manchmal vielleicht gar unbekümmert und unverantwortlich amüsiert. – Und dann möchten wir, dass Gott ein Gebet erhört, das oft gerade aus der Angst entsteht, ein bequemes, komfortables, angenehmes Leben zu verlieren und eines Tages den Preis für unsere Fehler selber bezahlen zu müssen.

Wenn es einen Krieg gibt, dann nicht, weil sich die Dinge zufällig oder aus Versehen entwickelt haben. Sicher, es gibt präzise Verantwortlichkeiten, denen sich niemand entziehen kann. Aber Krieg gibt es auch deshalb, weil man so lange ungerechte Verhältnisse gesät hat, weil man zwar auf Frieden hoffte, dabei aber das vernachlässigt hat, was Johannes XXIII. die „vier Säulen des Friedens" nannte: *Wahrheit, Gerechtigkeit, Freiheit und Liebe.* Jeder öffentliche und private Verstoß gegen diese vier Säulen, jeder Akt der Lüge, der Ungerechtigkeit, des egoistischen Besitzes und der Herrschaft über andere, des Vorurteils und des Hasses haben die Grube geschaufelt – und das Gebäude ist vor unseren Augen zusammengestürzt.

Denn der Frieden ist ein unteilbares Gebäude, für das jeder von uns auf seine Weise Verantwortung trägt, zu dessen Erhalt oder Zerstörung er beiträgt. Jedes ernsthafte Gebet für den Frieden muss daher aus der Reue und dem Willen geboren werden, zuallererst diese „vier Säulen" – Wahrheit, Gerechtigkeit, Freiheit und Liebe – in unserem persönlichen und gemeinschaftlichen Leben wiederherzustellen. Ohne einen solchen demütigen und aufrichtigen Willen sind unser Gebet und unsere Anrufung heuchlerisch.

Das Geschenk des Evangeliums: ein friedliches Herz

Ich glaube, ich kann einen zweiten Grund nennen, warum Gebete nicht erhört worden sind: Ich fürchte, dass sie oft falsch ausgerichtet sind. Wir haben um Frieden als etwas gebeten, das *die anderen* betrifft; wir haben darauf bestanden, dass Gott das Herz des anderen verändert, natürlich in dem Sinne, den *wir* wollten. Doch das erste „Ziel" des echten Friedensgebets sind wir selbst: dass Gott uns ein friedliches Herz schenke! „Dona nobis pacem – Gib uns Frieden!", das bedeutet vor allem: Reinige, Herr, mein Herz von jedem Beben der Feindseligkeit, der Parteilichkeit, der Voreingenommenheit; reinige mich von jeder Antipathie, jedem Vorurteil, dem Egoismus einer Gruppe oder Klasse oder Nation.

All diese negativen Gefühle sind mit Frieden unvereinbar. Und doch tauchen sie gerade in unserer Zeit sichtbar auf, angeregt durch die Nachrichten, durch die Bilder, die wir sehen, angeregt durch die Schwingungen der Stimmen in den Kriegsberichten, durch die Neugierde, angestoßen durch einen Konflikt, dessen Mechanismen kaum zu begreifen sind. Und während wir so für den Frieden beten, ergreifen wir im tiefsten Inneren unseres Herzens Partei, haben unser Urteil gefällt und wünschen uns den Erfolg des einen oder des anderen in diesem Krieg. Der Instinkt wird entfesselt, die Fantasie spielt verrückt, und das Gebet zielt nicht auf die Läuterung des Herzens, der Sinne, der Gefühle und der Gedanken ab, die nach dem Evangelium allein den Friedensstiftern zukommt.

Es ist anspruchsvoll, im Sinne des Evangeliums Friedensstifter zu sein; es ist eine Gabe, die man nicht billig bekommen kann, weil sie vom Geist kommt und man akzeptieren muss, einen hohen Preis dafür zu zahlen.

Die wahre Fürbitte im Sinne einer „Intercessio"

Was ist die tiefe Bedeutung eines echten Friedensgebets, eines Fürbittgebets im biblischen Sinne, ähnlich dem Gebet Abrahams, dem Gebet Jesu über Jerusalem?

Fürbitte bedeutet nicht einfach „für jemanden beten", wie wir oft denken. Etymologisch bedeutet es „In-die-Mitte-Treten" (*intercessio*), einen Schritt machen, um sich in die Mitte einer Situation zu stellen. Fürbitte bedeutet also, sich dorthin zu begeben, wo der Konflikt ausgetragen wird, und sich zwischen die beiden Konfliktparteien zu stellen. Es geht also nicht nur darum, ein Bedürfnis vor Gott zu artikulieren (Herr, gib uns Frieden!), um geschützt zu sein.

Sich in die Mitte stellen, das meint hier nicht, die Rolle des Schiedsrichters oder Vermittlers zu übernehmen und zu versuchen, einen der beiden davon zu überzeugen, dass er im Unrecht ist und nachgeben muss. Oder beide zu gegenseitigen Zugeständnissen aufzufordern, um einen Kompromiss zu erreichen. Damit wären wir immer noch im Bereich der Politik mit ihren begrenzten Möglichkeiten. Wer sich so verhält, bleibt in gewisser Weise außerhalb des Konflikts, er kann jederzeit gehen und sich vielleicht beklagen, dass er nicht gehört wurde.

Fürsprache ist eine viel ernstere, gravierendere und engagiertere Haltung, sie ist etwas viel Gefährlicheres. Fürbitte, Fürsprache bedeutet, dort zu stehen, ohne zu fliehen. Es bedeutet, zu versuchen, *beiden die Hand auf die Schulter zu legen* und das Risiko, das damit verbunden ist, in Kauf zu nehmen. Die Formulierung findet sich im Buch Ijob. Da steht Ijob fast verzweifelt vor Gott, der ihm geradezu als Widersacher erscheint, und er ruft aus: „Es gibt keinen Schiedsmann zwischen uns, der seine Hand auf uns beide legte" (vgl. Ijob 9,33). Er wünscht sich also nicht jemanden, der aus der Distanz zum Frieden mahnt oder allgemein für den Frieden betet, sondern einen, der in die Mitte tritt, der sich in das Herz der Situation begibt, der seine Arme links und rechts ausstreckt, um zu vereinen und zu befrieden. Es ist die Haltung Jesu am Kreuz: Jesus Christus ist gekommen, um sich hineinzugeben in eine unlösbare Situation, in die Entzweiung der Menschen auf der einen Seite und Gott auf der anderen, für die es keine menschliche Lösung gibt. Jesus kann sich in die Mitte stellen, weil er mit den beiden „Konfliktparteien" solidarisch ist, ja, weil die beiden Seiten in ihm zusammenfallen: der Mensch und Gott. In dieser Position doppelter Solidarität aber muss Jesus mit dem Tod rechnen. Er sagt Ja zu Betrübnis und Scheitern, zu Folter und Qualen, zur schrecklichen existenziellen Einsamkeit bis hin zum Schrei: „Mein Gott, mein Gott, warum hast du mich verlassen?" (Mt 27,46).

Das ist christliche Fürbitte gemäß dem Evangelium. Sie beinhaltet eine doppelte Solidarität; diese ist ein unverzichtbares Element der Fürbitte. Ich muss in der Lage und bereit sein, alle Beteiligten mit Liebe und ohne Hintergedanken zu umarmen. Ich muss in dieser Situation aushalten, auch wenn ich von dem einen oder anderen nicht verstanden, ja abgelehnt werde, selbst wenn ich persönlich bezahle. Ich muss auch in Einsamkeit und Verlassenheit durchhalten. Ich darf nur auf die Macht Gottes vertrauen, ich muss den Glauben an den achten und ehren, der die Toten auferweckt.

Ein solcher Glaube ist schwierig, deshalb ist auch wahre Fürbitte schwierig. Aber wenn wir uns nicht darum bemühen, wird unser Gebet mit unseren Lippen, nicht mit unserem Leben gesprochen.

Natürlich kann eine solche Haltung nicht im Widerspruch zu den Forderungen der Gerechtigkeit stehen. Niemals darf ich

Mörder und Opfer, Gesetzesbrecher und Verteidiger des Gesetzes gleichsetzen. Doch wenn ich *die Menschen* anschaue, ist mir keiner von ihnen gleichgültig, ich empfinde für keinen von ihnen Hass oder wage ein inneres Urteil. Ich stelle mich auch nicht auf die Seite derer, die leiden, um diejenigen zu verfluchen, die sie leiden lassen. Jesus verflucht die, die ihn kreuzigen, nicht, sondern stirbt sogar für sie und sagt: „Vater, sie wissen nicht, was sie tun; vergib ihnen" (Lk 23,34).

Wenn ein Gebet diese doppelte Solidarität nicht erreicht, wenn es darauf zielt, dass der Herr dem einen hilft und den anderen niederschlägt, dann ignoriert es immer noch die Erlösungsbedürftigkeit derjenigen, die im Unrecht sind, derjenigen, die sich gegen Gott und gegen ihre Schwestern und Brüder entschieden haben, es lässt sie im Stich, es legt ihnen nicht die Hand auf die Schulter. Ein solches Gebet ist keine wahre „Fürbitte". In dem Maße, wie wir in unserem Herzen ausschließende Entscheidungen treffen und verurteilen und richten, sind wir nicht mehr bei Jesus Christus. Wir sind nicht in der Position, die er gewählt hat, und wir müssen an der Gültigkeit und Echtheit unseres Fürbittgebets im Sinne einer *Intercessio* zweifeln.

Dieses Sich-in-die-Mitte-Stellen ist keine Taktik zur Überwindung einer notvollen Situation. Sie soll definitiv zur Lebensweise derjenigen werden, die sich für den Frieden einsetzen und als Christen Jesus nachfolgen möchten. Wir haben nicht das Recht, in einer schwierigen Situation nur so lange zu verbleiben, wie sie erträglich ist. Wir müssen bis zum Ende dabeibleiben wollen, selbst wenn es das Leben kosten sollte: Nur so folgen wir Jesus nach, der im Ölgarten, im Angesicht der Passion, keinen Rückzieher gemacht hat.

Wir sind uns bewusst, wie schwierig solche echte christliche „Fürbitte" ist; sie kann nur im Heiligen Geist erfolgen . Wir wissen auch, dass sie nicht von allen verstanden wird. Aber wenn sie ein Verlangen weckt, dann dieses: an Orten des Konflikts zu sein, wo schutzlose, unbewaffnete Menschen bedroht oder gar getötet werden. Einfach da zu sein, ohne politischen Aktionismus und Geschrei, ganz auf die Macht der Fürsprache vertrauend. Da zu sein, wie Maria am Fuße des Kreuzes, ohne jemanden zu verfluchen oder zu verurteilen oder gegen jemanden zu wettern …

Wenn der Konflikt im Nahen Osten verkürzt wird, und darum bitten wir von ganzem Herzen, wenn die Macht der Verhandlungen wieder einmal die böse Macht der Werkzeuge des Todes besiegt, dann sicher auch deshalb, weil es in den Gassen, in den Windungen um die Moscheen oder auf der Esplanade der Westmauer von Jerusalem, wo sich die Juden zum Beten versammeln, viele einfache, scheinbar unbedeutende Menschen gibt, Männer und Frauen, die da im Gebet stehen und nichts fürchten als Gottes Gericht. Menschen, die sich, wie es bei Nehemia heißt, vor dem Herrn, ihrem Gott, niederwerfen und ihre Sünden wie auch die Sünden ihrer Freunde und Feinde bekennen. Menschen, die ausharren, bis die große Prophezeiung von Jesaja erfüllt ist: „An jenem Tag wird es eine Straße von Ägypten nach Assyrien (was etwa dem heutigen Irak entspricht) geben, sodass Assur nach Ägypten und Ägypten nach Assur kommt; und Ägypten wird Assur dienen. An jenem Tag wird Israel neben Ägypten und Assur der Dritte sein, ein Segen inmitten der Erde. Denn der Herr der Heerscharen hat es gesegnet, indem er sprach: ‚Gesegnet ist mein Volk, Ägypten, und das Werk meiner Hände, Assur, und mein Erbbesitz, Israel'" (Jes 19,23-25).

Jesus weint über die Stadt

„Lectio" von Lukas 19,41-44 und 13,34f

Die Verse Lk 19,41-44 bilden eine Art dramatisches Zwischenspiel im feierlichen, epischen Einzug Jesu in die Stadt Jerusalem: Die Schilderung der Begeisterung und des Beifalls der Menge wird plötzlich durch Jesu Weinen unterbrochen: „Als er näher kam und die Stadt sah, weinte er über sie und sagte: Wenn doch auch du an diesem Tag erkannt hättest, was Frieden bringt. Jetzt aber ist es vor deinen Augen verborgen. Denn es werden Tage über dich kommen, in denen deine Feinde rings um dich einen Wall aufwerfen, dich einschließen und von allen Seiten bedrängen. Sie werden dich und deine Kinder zerschmettern und keinen Stein in dir auf dem andern lassen, weil du die Zeit deiner Heimsuchung nicht erkannt hast" (Lk 19,41-44).

Der andere Abschnitt, den wir betrachten wollen, steht ebenfalls im Lukasevangelium. Als Jesus noch auf dem Weg in die Stadt war, sagte er: „Jerusalem, Jerusalem, du tötest die Propheten und steinigst die Boten, die zu dir gesandt sind. Wie oft wollte ich deine Kinder sammeln, so wie eine Henne ihre Küken unter ihre Flügel nimmt; aber ihr habt nicht gewollt. Siehe, euer Haus wird euch selbst überlassen. Ich sage euch: Ihr werdet mich nicht mehr sehen, bis die Zeit kommt, in der ihr ruft: *Gepriesen sei er, der kommt im Namen des Herrn!*" (Lk 13,13-35). Ein ähnliches Bild wie das von der Henne und den Küken findet sich übrigens schon im Moselied: Wie ein Adler über seine Brut fliegt, so schützte der Herr sein Volk (vgl. Dtn 32,10ff).

Die beiden Stellen bei Lukas sind auch durch eine negative, dramatische Unterstreichung verbunden: „Der Weg des Friedens ist vor euren Augen verborgen", sagt Jesus in Jerusalem; „Ihr wolltet euch nicht unter die Fittiche nehmen lassen", sagt Jesus auf seinem Weg in die Stadt. Die Prophezeiung vom Untergang der Stadt findet sich in beiden Abschnitten, wobei sie im 13. Kapitel plastischer ausgedrückt wird; hier ist die Rede von Feinden, von Gräben, von der Zerstörung Jerusalems und seiner Kinder, davon, dass kein Stein auf dem anderen bleibt.

Sodann finden wir das geheimnisvolle Wort: „Ihr werdet mich nicht wiedersehen, bis die Zeit kommt, in der ihr ruft: *Gepriesen sei er, der kommt im Namen des Herrn!*" – Genau das ruft die Menge, als Jesus einzieht in die Stadt und weint: „Gepriesen sei, der kommt im Namen des Herrn" (19,38).

Auch an andere Stellen wird man bei der Lektüre der zitierten Abschnitte erinnert, etwa an Jesu drohende Worte über Jerusalem in Lk 21,6.20-24: „Es werden Tage kommen, an denen von allem, was ihr hier seht, kein Stein auf dem andern bleibt, der nicht niedergerissen wird. Wenn ihr aber seht, dass Jerusalem von Heeren eingeschlossen wird, dann erkennt ihr, dass seine Verwüstung bevorsteht … Jerusalem wird von den Völkern zertreten werden, bis die Zeiten der Völker sich erfüllen." Bekanntlich ist dies alles dramatische geschichtliche Wirklichkeit, nicht nur Literatur.

Jesu Klage kehrt in Kapitel 23 wieder, als er zum Kalvarienberg hinaufgeht und einige Frauen über ihn weinen: „Töchter Jerusalems, weint nicht über mich; weint vielmehr über euch und eure Kinder! Denn siehe, es kommen Tage, da wird man sagen: Selig die Frauen, die unfruchtbar sind, die nicht geboren und nicht gestillt haben" (Lk 23,28).

So thematisiert das Evangelium mehrmals die Gefährdung der Stadt, den Zusammenhang zwischen dem Glauben der Stadt und dem Frieden, zwischen der Weigerung der Stadt, die „Heimsuchung" durch Gott in Jesus anzunehmen, und ihrer Verwüstung. Die Wiederholung zeigt, welche Bedeutung Jesus, die Evangelisten und die frühe Kirche der richtigen Beurteilung gesellschaftlicher und politischer Geschehnisse und ihrer Verbindung mit religiösen Haltungen beimaßen: Sie wollen aufzeigen, welche dramatischen Folgen es hat, wenn es versäumt wird, dem Ruf der Stadt nach Frieden zu folgen.

Gerade deshalb fühlen wir uns eingeladen, über die beiden Abschnitte aus dem Lukasevangelium nachzudenken, um ihre Botschaft für uns heute zu erfassen. Was wolltest du, Herr, mit diesen Worten sagen?

„Wenn du die Wege des Friedens verstanden hättest"

Lasst uns zuerst über Jesu Weinen nachdenken. Es ist keine gewöhnliche, alltägliche Geste, genauso wie das Weinen eines Erwachsenen nicht alltäglich ist. Nur ein weiteres Mal, in Joh 11,35, wird berichtet, dass Jesus weinte: beim Tod seines Freundes Lazarus (im Griechischen steht da allerdings ein anderes Verb: *edakrysen*, „er vergoss Tränen"). In Lk 19,41 heißt es, dass Jesus in Tränen ausbrach (*eklausen*), in ein Schluchzen, wie Maria Magdalena vor dem leeren Grab oder wie Petrus, als er merkte, dass er den Herrn dreimal verleugnet hatte.

Das Weinen Jesu ist eine prophetische Geste, ähnlich wie die Schreie der alten Propheten angesichts der ersten Zerstörung Jerusalems, wie das lange Schweigen Ezechiels, wie das Weinen des Sehers in der Apokalypse. Jesu Weinen ist nicht einfach Ausdruck einer psychischen Befindlichkeit, sondern offenbart etwas von Gott her. Wenn es heißt, dass er über die Stadt weint, muss man sich vergegenwärtigen, was Jerusalem für einen Juden bedeutet: Es ist die Heilige Stadt, die ersehnte Stadt, zu der man von weit her pilgert, die befestigte Stadt auf dem Berg, die Stadt, in der Flüchtlinge nach so vielen Entbehrungen Zuflucht finden. Denken wir nur an den wunderschönen Psalm 122:

> *„Ich freute mich, als man mir sagte:*
> *,Zum Haus des HERRN wollen wir gehen.'*

Schon stehen unsere Füße in deinen Toren, Jerusalem:
Jerusalem, du starke Stadt, dicht gebaut und fest gefügt.
Dorthin ziehen die Stämme hinauf,
die Stämme des HERRN ..."

Um in die Seele Jesu einzudringen, müssen wir versuchen, den Komplex aus Traditionen, Kulturen, Geschichte, Gefühlen und Offenbarungen zu verstehen, für den Jerusalem steht. Vielleicht könnten wir ihn fragen: Warum weinst du, Herr? Weinst du nur über den religiösen Ruin der Stadt, über die Einzelnen, die sich verirrt haben, oder weinst du über die Stadt als solche, über diesen lebendigen Organismus, der eine Geschichte, eine Bestimmung, eine Zukunft, eine Hoffnung hat? Warum weinst du, Herr? Wegen der verlorenen religiösen Werte oder auch wegen des Verlusts der irdisch-menschlichen Werte, die der Stadt ihre Geschichte, ihren Ruhm, ihr Ansehen und ihre Sendung verleihen?

Ich glaube, dass Jesus als guter Jude antworten würde, dass er es schwierig findet, die beiden Dinge zu unterscheiden, weil sie eins im anderen sind: Es gibt keinen Körper ohne Seele, keine Seele ohne Körper, es gibt kein geistiges Heil, das nicht in einer historischen, lebendigen Realität „verkörpert" ist. Und das Schicksal des Einzelnen ist stets eng mit dem Schicksal der Gruppe verbunden.

Das Weinen Jesu, der den drohenden Untergang Jerusalems sieht, betrifft die gesamte Werteordnung, die natürlich im Tempel ihren Höhepunkt hat und doch die ganze zivile, soziale, kulturelle und politische Organisation umfasst. Dieses Ineinander verschiedener Dimensionen zeigt sich auch darin, wie unterschiedlich das Parallelwort in Lk 13,35 ausgelegt wird; da heißt es: „Siehe, euer Haus wird euch selbst überlassen!" Manche glauben, dass das „Haus" der Tempel sei und beziehen sich auf die Vision von Ezechiel, der sieht, wie die Herrlichkeit Gottes den Tempel in Jerusalem verlässt (vgl. Ez 11,22-25). Aber mit dem Verlassen des Tempels fällt auch die Stadt, und deshalb sagen andere Ausleger, dass das „Haus" die Stadt als Ganze meine, nicht nur den Tempel, oder dass die beiden Realitäten auf jeden Fall miteinander verbunden sind.

Der Frieden Jerusalems ist mit dem Glauben Jerusalems verbunden, und Frieden bedeutet in der jüdischen Mentalität Wohlbefinden, Freiheit von Feinden, Sicherheit, Wohlstand, Freundschaft, Frieden mit Gott, Freude, Gesang im Tempel, Jubel, Trommelschläge, Prozessionen, den Reichtum an heiligen Festen. Und das ist der Inbegriff des Friedens: auf das Haus Gottes zuzugehen und das Antlitz Gottes zu schauen im Land der Lebenden (vgl. Ps 42 und 43).

Jesus hat sich diesen Frieden der Stadt zutiefst gewünscht, und er weint, weil die Stadt den Weg des Friedens nicht erkannt hat: „Wenn doch auch du an diesem Tag erkannt hättest, was Frieden bringt!" (Lk 19,42). Der Frieden der Stadt wird damit in Verbindung gebracht, ob das Wort des Herrn angenommen wird, was in der anderen Stelle noch deutlicher zum Ausdruck kommt: „Wie oft wollte ich deine Kinder sammeln, so wie eine Henne ihre Küken unter ihre Flügel nimmt" (Lk 13,34). Wir dürfen hier wohl ein messianisches Projekt Jesu erkennen, das auch eine soziale und auf seine Weise politische Bedeutung hat; sicherlich nicht dergestalt, dass die legitimen konstituierten Autoritäten ersetzt oder gestürzt werden sollten, sondern als ein Zusammenkommen der Völker im Zeichen der Sanftmut, der Gewaltlosigkeit und der gegenseitigen Liebe. Es geht ihm um eine andere, eine neue Art des Zusammenlebens, eine neue Art, „Stadt" zu sein.

Für die Bibel hat das „messianische Projekt" immer eine gesellschaftspolitische Bedeutung; es drückt jene neue Haltung eines Volkes aus, die Pflug und Sichel an die Stelle des Schwertes treten lässt, ein Miteinander, in dem das Kind mit der Viper spielt, der Bär mit den Rindern und der Löwe mit den Schafen weiden kann (vgl. Jes 2; 11,6-8). Es ist das konkrete, nicht utopische Ideal einer friedlichen Menschheit! Freilich wird es, falls es nicht angenommen wird, zu einem schier unerreichbaren Ideal, das im Widerstreit mit der tatsächlich bestehenden Ordnung steht: „Aber jetzt ist der Weg des Friedens vor deinen Augen verborgen. Denn es werden Tage über dich kommen, in denen deine Feinde rings um dich einen Wall aufwerfen." Die Nichtannahme der Seligpreisungen der Friedensstifter und der Sanftmütigen hat zur Folge, dass man sich nicht „sammeln" lässt nach dem großen Plan, der das ganze Alte Testament durchzieht, gemäß Gottes liebevoller Sorge um sein Volk. Jesus gibt dieses Ideal jedoch nicht auf, er verlässt die Stadt nicht, ja, er betritt sie, um dort sein Leben hinzugeben. Er weiß, dass er um den Preis seines Lebens durch seine hilflose, von der Stadt abgelehnte Liebe den Sieg erringen wird, auch wenn die Früchte seines Sieges nicht sogleich geerntet werden.

Welche Beziehung besteht zwischen Glaube und Frieden?

Dem geheimnisvollen Wort „Wenn ihr an diesem Tag den Weg des Friedens erkannt hättet ..." entspricht Lk 19,44: „Weil du die Zeit deiner Heimsuchung nicht erkannt hast ..." „Heimsuchung" meint den „Besuch" Gottes, der kommt, um die gute Nachricht, die Botschaft der Erlösung, zu überbringen. Es gibt eine enge Verbindung zwischen dem Besuch Gottes und dem Schicksal der Stadt, zwischen der Ablehnung dieses Besuchs und der Unfähigkeit, Frieden zu schließen. Die Frage nach dem Zusammenhang von Glaube und Frieden ist allerdings nicht leicht zu beantworten.

Im Neuen Testament begegnet uns eine frühe Kirche, die von vielen realen Werten der damaligen Welt ziemlich enttäuscht war: von der *Pax Romana*, der Friedensverheißung, wie von der *Aequitas Romana*, einem angestrebten gerechten Gleichgewicht, generell von der griechisch-römischen Kultur und der großen hellenistischen Kultursynthese. Eine bedingungslose Bewunderung der zivilen und sozialen Organisation hat es jedenfalls nicht gegeben. Zudem geht das Neue Testament auf Distanz zu ambivalenten Werten oder Pseudowerten wie Beifall der Masse, Prestige, Macht. Diese Werte sind der offenen Kritik ausgesetzt: „Weh, wenn euch alle Menschen loben" (Lk 6, 26); „Die Könige herrschen über ihre Völker … und lassen sich Wohltäter nennen. Bei euch aber soll es nicht so sein" (Lk 22,25). Hervorgehoben werden die entgegengesetzten Werte: Die *kleine* Herde ist wichtig (vgl. Lk 12,32); das Reich Gottes gehört den *Kindern* (vgl. Lk 18,16); der Kleinste ist der Größte; wer sich selbst erniedrigt, wird erhöht werden; wer erlittenes Unrecht hinnimmt, lebt das Evangelium mehr als der, der sich rächt. Diese Prinzipien waren eindeutig nicht mit der griechisch-römischen sozialen und zivilen Lebenswelt vereinbar, so hoch entwickelt diese auch war.

Was ihre Haltung zur Gesellschaft ihrer Zeit angeht, gehen Jesus und das Neue Testament vor gängigen Lebensweisen nicht in die Knie. Wohl aber respektieren sie, was gerecht ist. So hat Paulus zum Beispiel seine Rechte als römischer Bürger genutzt, um Gerechtigkeit zu erlangen, das heißt er hat hier die Werte der römischen *Aequitas* anerkannt. Maßgeblich aber sind für das Neue Testament die Fülle Gottes, der Schatz im Himmel, das umfassende Heil über den Tod hinaus. Diese letzten Werte können den vorletzten und drittrangigen Realitäten, die das Leben und den Stolz der Stadt ausmachen, ihren Wert und ihren Sinn geben. Das „Kommen Gottes" anzuerkennen bedeutet nicht, dass diese Realitäten verblassen oder zu reinen Nebensächlichkeiten würden; vielmehr bekommen sie den Platz, der ihnen gebührt – als Bausteine im Dienst an einem umfassenden, ganzheitlichen Frieden.

Fazit

Die Abschnitte aus dem Lukasevangelium, die wir betrachtet haben, sind ein Anstoß, die politischen, wirtschaftlichen, kulturellen und sozialen Realitäten zu würdigen und richtig einzuordnen – im Licht der letzten, absoluten Werte und in der Hinordnung auf einen umfassenden Frieden. Wir sollen uns nicht unkritisch vereinnahmen oder gar versklaven lassen und zu Götzendienern werden, sondern freie Menschen bleiben im Wissen, dass die letzten Realitäten allem den richtigen Wert geben. Diese Freiheit ist ein Geschenk Christi, nicht Frucht einer intellektuellen Intuition. Es ist ein Geschenk, das lebendig gehalten werden will in der Askese des Lebens, in der Treue zu den täglichen Pflichten, im Gebet, im Hören auf Gottes Wort und in der ständigen Auseinandersetzung mit unseren Brüdern und Schwestern. Auf diese Weise lässt sich die umfassende Vision, zu der uns der Heilige Geist immer wieder aufruft, in ihrer Integrität und Vollkommenheit bewahren. So kommt es nicht zu jenen bedauerlichen, häufigen Verkürzungen, die mit einem einseitig spirituell verstandenen Glauben oder aber mit Formen eines rein politischen Messianismus einhergehen, welche nur zu lähmender Enttäuschung führen. Denn umfassend ist das Geschenk des Friedens, der uns zuteil werden soll.

Herr, lass uns die Wege des Friedens erkennen
und offen sein für dein Kommen.
Und wenn der Weg uns auf die Pfade des Kreuzes führt,
dann hilf uns, noch mehr zu Friedensstiftern zu werden
im hingebungsvollen Einsatz unserer selbst für den Frieden –
in einer Menschheit, die gerade heute allen Grund hat,
mit Christus zu weinen über „die Stadt",
über eine Welt ungezählter Katastrophen und Kriege
aufgrund des Geistes der Spaltung.

Religiöse Leadership in der säkularen Gesellschaft: Zeugen großer Hoffnung und Freude

Die Freude, in Jerusalem zu sein

> *„Schon stehen unsere Füße in deinen Toren, Jerusalem …*
> *Erbittet für Jerusalem Frieden!*
> *Geborgen sei in dir, wer dich liebt.*
> *Friede wohne in deinen Mauern,*
> *in deinen Häusern Geborgenheit!"* (Ps 122)

Vorab zwei hinführende Fragen. Erstens: Ist unsere säkulare Gesellschaft schlechter als frühere Gesellschaften, ist „religiöse Leadership" damit schwieriger als in der Vergangenheit? Und zweitens: Ist das, was wir religiöse Führung nennen, überhaupt etwas Gutes und Erstrebenswertes?

Ich werde nicht versuchen, die erste komplexe Frage direkt zu beantworten, denn es ist nicht einfach, unsere Gesellschaft im Vergleich zu anderen Zeiten zu beurteilen. Ich möchte mich hier auf den Hinweis beschränken, dass schon das Urteil der Evangelien über die damalige Gesellschaft nicht sehr positiv ausfällt. Im Matthäusevangelium finden wir zum Beispiel das Wort Jesu: „O du ungläubige und verkehrte Generation! Wie lange muss ich euch noch ertragen?" (Mt 17,17). Die aktuellen Schwierigkeiten sind keineswegs die einzigen oder größten. Es ist nicht auszuschließen, dass es in früheren Zeiten noch schlimmer war. Unsere Väter im Glauben, die früheren religiösen Autoritäten haben ihre eigenen dunklen und schwierigen Zeiten durchlebt und überwunden.

Zur zweiten Vorfrage möchte ich nur anmerken, dass der in der englischsprachigen Welt gebräuchliche Ausdruck der *religiösen Leadership* nicht nur positiv besetzt ist; manche bevorzugen eher religiöse Begriffe, die näher an „Beruf/Berufung, Seelsorge, Dienst" liegen. *Leader* kann an politische, wirtschaftliche oder militärische Führung denken lassen, verbunden mit einer Haltung, die im Lukasevangelium überaus kritisch gesehen wird: „Die Könige herrschen über ihre Völker, und die Vollmacht über sie haben, lassen sich Wohltäter nennen; bei euch aber soll es nicht so sein, sondern der Größte unter euch soll werden wie der Kleinste, und der Führende soll werden wie der Dienende" (Lk 22,25f). Wenn ich im Folgenden von *Leadership* spreche, ist ein solcher demütiger Dienst an der Gemeinschaft der Gläubigen gemeint.

Persönliches Zeugnis

Mit welchen Problemen und Herausforderungen bin ich selbst als religiöser *Leader* täglich konfrontiert? Und welche Haltung halte ich für notwendig, um ihnen zu begegnen?

Meiner Meinung nach gibt es hauptsächlich drei Problemfelder, die ich vorläufig als *interne*, *externe* und *transzendente* Probleme oder Fragen bezeichnen möchte.

Die internen Probleme. In erster Linie müssen wir uns mit den täglichen internen Problemen auseinandersetzen, die für unsere Religion und unsere Konfession spezifisch sind, typisch für unsere Gemeinden als solche, entsprechend der Verantwortung, die jeder für sich und seine Gruppe hat. Es gibt zum Beispiel Personalprobleme; es gibt Fragen im Zusammenhang mit Programmen und Prioritäten, Fragen im Zusammenhang mit Verwaltung und Finanzen; es gibt Probleme, die durch interne Spannungen zwischen verschiedenen Gruppen in unserer Konfession entstehen; es gibt Probleme mit der Entwicklung (und der Unterscheidung zwischen echter und falscher Entwicklung) und solche, die durch den Widerstand gegen eine wirkliche Weiterentwicklung entstehen.

Jeder ist dazu aufgerufen, seinen eigenen Weg zu finden, der der Inspiration Gottes, dem gesunden Menschenverstand, dem Gesetz und der Überlieferung entspricht. Wichtig ist mir eine allgemeine Regel, die ich für mich selbst als gültig erachte, die aber wohl für alle religiösen Autoritäten bedeutsam ist: die eigene Verantwortung wahrzunehmen und dabei innerlich frei zu bleiben und in der Lage zu sein, auf wichtigere Fragen zu hören. Das heißt, offen zu bleiben für Fragen, die über die internen Probleme hinausgehen, welche die tägliche Verwaltung einer großen Gemeinde auf unsere Schultern legt.

Die äußeren Probleme betreffen die großen Fragen der Menschheit, zum Beispiel Krieg und Frieden, Gewalt zwischen Menschen und Gruppen, der Schutz des menschlichen Lebens, Krankheit und Hunger, Migration und ökologische Probleme. Auch all die Ordnungsprobleme und Spannungen zwischen gesellschaftlichen und ethnischen Gruppen (Schwarz und Weiß, Reich und Arm, Nord und Süd). Und dann die ethischen Probleme, etwa im Zusammenhang mit dem Beginn und dem Ende des Lebens, bioethische Fragen, das Spannungsverhältnis von Technologie und Ethik, Wirtschaft und Ethik.

Ein großer Teil unseres Lebens und unserer Zeit als religiöse Leader wird damit verbracht, über Probleme nachzudenken und zu versuchen, sie zu lösen, die ich die „äußeren" genannt habe. Jeden Tag werden wir aufgefordert, uns zu dem einen oder anderen Bereich zu äußern bzw. zu handeln. Welche Haltung sollten wir einnehmen? Ich habe kürzlich in einem Interview mit einer führenden religiösen Autorität in einer amerikanischen Zeitung eine einfache Antwort gelesen, die sich m. E. auf andere religiöse Autoritäten übertragen lässt. Auf die Frage des Journalisten: „Wie geben wir Ratschläge zu Themen von Pornografie bis Abtreibung, von Einwanderung bis Gewalt in den Städten?" antwortete der

Interviewte: „Die meisten aktuellen Probleme sind so alt wie die Bibel. Als gläubiger Mensch versuche ich immer sicherzustellen, dass ich mich auf Gottes Offenbarung in der Heiligen Schrift stütze, soweit ich sie verstehen kann." Und als generelle Haltung angesichts so vieler ernster Probleme wurde vor allem eines empfohlen: den aktuellen Themen ein menschliches Gesicht zu geben. Sie sind zahlreich und ändern sich ständig, und deshalb ist es unmöglich, im Voraus die Lösung oder das richtige Wort für alle zu haben. Von größter Wichtigkeit ist es, die Probleme als ein Mensch des Glaubens zu betrachten, der in der göttlichen Offenbarung die Worte und das Prinzip einer gerechten Handlung gefunden hat, um die Probleme mit einem verständnisvollen, wohlwollenden Blick zu betrachten und den Problemen, mit denen gewöhnlich Techniker, Politiker und andere weltliche Führungspersonen beschäftigt sind, ein menschliches Gesicht zu geben. Religiöse Autoritäten sollten immer bestrebt sein, die ethische, moralische, menschliche Dimension und die Perspektive des Glaubens in die politische Debatte einzubringen.

Das erfordert das ständige Bemühen, sich Zeit zu nehmen für die Meditation, fürs Lesen der Heiligen Schrift, für Stille und das persönliche Gebet. Tatsächlich kann eine religiöse Autorität nur dann über die Herausforderungen der Gegenwart sprechen, wenn ihre Worte aus einer tiefen inneren religiösen Erfahrung hervorgehen.

Die transzendenten Themen. Hauptthemen unserer Religion sind Gott, Heil, Gebet, Anbetung, Glaube, Hoffnung, Vergebung, Leben nach dem Tod, Gerechtigkeit, Nächstenliebe und so weiter. Die säkularisierte Gesellschaft scheint sich für solche Fragen nicht zu interessieren. Viele bitten die religiösen Autoritäten um eine Antwort auf ethische Fragen der zweiten Art („die äußeren"), aber nur wer wirklich religiös ist, wendet sich an uns, um Antworten auf transzendente Fragen zu erhalten.

Wir stehen also vor dem Dilemma, ob wir über diese Themen nur im inneren Kreis unserer Gläubigen oder auch mit der säkularen Gesellschaft sprechen sollen, und natürlich ist die Situation in verschiedenen Teilen der Welt sehr unterschiedlich. Ich will mich mit meiner Antwort nicht aufdrängen, aber ich bin der festen Überzeugung, dass die Menschen mit transzendenten Themen konfrontiert werden müssen, weil sie zum Wesen des Menschen in dieser Welt gehören, auch wenn es in manchen Gesellschaften Einschränkungen gibt, in der Öffentlichkeit darüber zu sprechen. Meiner Meinung nach ist es grundlegend, sich zu fragen, welche innere Haltung eine religiöse Autorität in Bezug auf solche Fragen hat. Ich möchte hier Folgendes hervorheben: Es sollte jedem klar sein, dass transzendente Themen unser eigentliches und wichtigstes Anliegen sind. Wenn wir uns notwendigerweise mit den internen Problemen unserer Religion auseinandersetzen müssen und wenn wir uns nicht weigern können, eine Antwort auf die externen Probleme der säkularen Gesellschaft, auf ethische Fragen, zu geben, können wir das nur tun, weil wir in erster Linie mit transzendenten Fragen zu tun haben: Gott, Heil, Gebet, Hoffnung, Liebe. Wir sind davon überzeugt, dass diese Fragen die wirklich lebenswichtigen Fragen für die Menschheit sind und jede andere Frage, wie wichtig sie auch erscheinen mag, letztlich von transzendenten Fragen abhängt.

Resümee

Abschließend möchte ich vier Punkte nennen, die ich für einen religiösen Leader oder eine religiöse Leaderin heute für unverzichtbar halte:
    – Zuallererst *eine tiefe innere Kommunikation mit Gott* und ein starker Gebetsgeist. Mir scheint, dass mit zunehmender Verantwortung auch dem Zuhören und der Stille im Gebet mehr Zeit gewidmet werden muss.

– Zweitens *ein großer innerer Friede*, wie er im Brief des Paulus an die Philipper empfohlen wird: „Sorgt euch um nichts, sondern bringt in jeder Lage betend und flehend eure Bitten mit Dank vor Gott! Und der Friede Gottes, der alles Verstehen übersteigt, wird eure Herzen und eure Gedanken in Christus Jesus bewahren" (4,6f).

– Drittens die Überzeugung, dass wir Zeugen einer großen Hoffnung für unsere Zeit sind. Es ist eine Zeit der wachsenden Frustration und Verzweiflung. Unsere Aufgabe sollte es sein, *Hoffnung und Freude zu bringen*.

– Schließlich ist es sehr nützlich, *einen Hauch von guter Laune zu haben*, eine gelassene Haltung, die aus der Hoffnung und dem Glauben kommt. Wir sind alle in Gottes Händen und damit in guten Händen.

Wir hoffen, dass wir gemeinsam der Fülle des Friedens entgegengehen

Jüdisches Pfingstfest und christliches Pfingstfest

Das christliche Pfingstfest hat seinen Ursprung bekanntlich im jüdischen Fest *Schawuot,* dem Wochenfest, sieben Wochen nach Pessach. Es ist ein sehr altes Fest, das mit der Zeit der Ernte verbunden war, nach der talmudischen Tradition war es der Tag der Offenbarung am Sinai. Es war kein symbolreiches Fest wie Pessach, aber zu Pfingsten schmückten die Juden ihre Synagoge und ihre Häuser mit Grün, und vielleicht war auch die *Tora* selbst mit dieser Farbe bedeckt, die an den Baum des Lebens erinnert. Interessanterweise hat sich der Brauch, die Häuser zum Pfingstfest mit grünen Zweigen zu schmücken, bis heute erhalten. Die Ostkirche hat diesen Brauch beibehalten und betont, dass der Ort, an dem Maria und die Jünger am jüdischen Pfingsttag versammelt waren und den Heiligen Geist empfingen, mit grünen Zweigen geschmückt war.

Die Fülle des Bundes

Lasst uns also im Lichte von Pfingsten zwei Bibeltexte lesen, die uns einladen, den Gottesgeist willkommen zu heißen und uns zu öffnen für das Jerusalem, das von Gott kommt.

Wir beginnen mit einem Abschnitt aus Jesaja (11,1-10), dem großen messianischen Gedicht mit der Prophezeiung über die Endzeit. Der Text lässt sich in zwei Teile unterteilen: Die erste Hälfte ist von Bildern aus der Pflanzenwelt geprägt, die zweite von Symbolen aus dem Tierreich, während der letzte Vers (V. 10), den Abschluss bildet und zum folgenden Lied überleitet.

„Ein neuer Spross wird aufgehen": Jesaja beginnt mit der Einführung einiger Bilder aus dem Pflanzenreich: Spross, Wurzeln, Stamm. Wir stehen vor einem abgeschnittenen Stamm, einem gefällten Baum, der aber aus den Wurzeln Isais, der Wurzel Davids, neu emporsprießen kann, der „wiedergeboren" werden kann dank eines „ewigen Saftes", des Safts der göttlichen Verheißung, des Bundes, der die Knospe sprießen lässt. Es ist ein Spross, der im Zentrum der vier Himmelsrichtungen, der vier Winde steht. Diese sind das Symbol für den einen und vielfältigen Geist Gottes, der die Schöpfung geordnet und die großen Führer Israels beseelt hat. Der göttliche Geist, das Prinzip des Lebens und des Heils, wird mit vier Pinselstrichen gezeichnet: der Geist der *Weisheit* und der Einsicht, der den Verstand erleuchtet; der Geist des *Rates* und der Tapferkeit, der das praktische Handeln erleuchtet, konkret die Fähigkeit des neuen, geheimnisvollen Königs zu regieren; der Geist der *Erkenntnis* und der *Furcht des Herrn,* also der tiefen Frömmigkeit, nicht nur des theoretischen Wissens, sondern einem innigen, tiefen Sinn für Gott. Diese Fülle der genannten Geistesgaben befähigen dazu, Gerechtigkeit zu üben, die Armen und Unterdrückten gegen die Mächtigen zu verteidigen und Frieden zu stiften.

Im zweiten Teil wird mit Bildern aus dem Tierreich der Frieden veranschaulicht, der aus dem Handeln desjenigen erwächst, der vom Geist Gottes erfüllt ist. Es finden sich zwölf Tiernamen: Wölfe und Lämmer, Leoparden und Zicklein, Kälber und Löwen, Kühe und Bären, Löwen und Ochsen, Schlangen und Vipern. Ausdrücklich betonen die ersten zehn, paarweise, das Zusammenleben von wilden und domestizierten Tieren: ein Hinweis auf jenen Frieden, der Frucht des Geistes ist, ein neues Paradies, in dem die Harmonie zwischen Mensch und Natur, zwischen Mensch und Tieren wiederhergestellt ist: Das Kind hat keine Angst, in der Nähe von Schlangen und Vipern zu sein!

Im Zentrum dieser Harmonie steht der heilige Berg, auf dem Gott gegenwärtig ist, und neben dem Bild des Berges steht das des Meeres: Die Erkenntnis des Herrn wird die ganze Erde erfüllen wie Wasser aus dem Meer. Dieses Wissen, die Erkenntnis Gottes, die der Mensch am Anfang für sich beanspruchte, wird nun als Geschenk aus der Fülle des Geistes über ihn ausgegossen.

Vor dem Hintergrund solcher Bilder betrachten wir Jesus am Kreuz: In der Kraft des Geistes hat er bereits in sich selbst Einheit, Frieden, Harmonie und Eintracht herbeigeführt. Am Kreuz hat er den Geist der Liebe über uns ausgegossen, damit wir ihm nachfolgen und seinem Leben entsprechen können. „Die Aufgabe des Heiligen Geistes", sagte Irenäus von Lyon, einer der frühen Kirchenväter, „ist es, Jesus Christus in seiner Neuheit weiterhin in uns gegenwärtig zu machen und die Kirche jung und frisch zu halten." Wie sehr brauchen wir den Heiligen Geist, um Jesus Christus „in seiner Neuheit in uns gegenwärtig zu machen"! Den Geist der Weisheit, der Einsicht, des Rates, der Stärke, der Erkenntnis und der Liebe zum Herrn. Den Geist, der es uns ermöglicht, uns in den Antinomien und ungelösten Problemen des Lebens nicht zu verlieren. Wie können Wölfe und Lämmer, Leoparden und Zicklein zusammenkommen? Es scheint eine unerreichbare Utopie – und doch bleibt die Aufgabe, die immer wieder aufkommenden Konflikte zu überwinden … Es ist der Heilige Geist, der uns die Hoffnung gibt, Widersprüchliches zusammenzubringen, scheinbar unlösbare Probleme zu lösen, die historischen und kulturellen Gegensätze überwinden zu können. Durch das Geschenk des Geistes wird in der Tat eine unverhoffte, nicht gekannte Harmonie „geboren". Erbitten wir sie in Demut und voller Vertrauen!

Der zweite biblische Text (Offb 21,1-8) zeigt uns das Ziel, auf das wir zugehen: die neue Welt, in der das Meer als Symbol des Bösen, des Chaos und des Nichts endgültig ausgetrocknet ist. Im Zentrum des neuen Himmels und der neuen Erde steht das neue Jerusalem, das nicht von uns gebaut wird, sondern von Gott kommt und als die geliebte Braut beschrieben wird, als Gottes Wohnung bei den Menschen. Da ist der Herr „Mitbürger" der Menschheit – und wir sind seine Mitbürgerinnen und Mitbürger: „Sie werden sein Volk sein und er wird der Gott-mit-ihnen sein." Es ist die Formel des vollendeten Bundes, der noch einmal mit den Worten bekräftigt wird: „Ich will sein Gott sein und er soll mein Sohn sein" (V. 7). In Anlehnung an die David zugesprochene Verheißung wird uns in Jesus die Gotteskindschaft zuteil. Aber es gibt auch jene, die dieses Geschenk nicht annehmen, die den Liebesplan des Herrn nicht akzeptieren und Jesus, dem Sohn, der sich am Kreuz hingibt, nicht nachfolgen wollen. Es ist eine Mahnung, ein Wort, das uns herausfordert und stimuliert.

Gib uns, o Gott, dass wir das himmlische Jerusalem,
das von dir kommt, willkommen heißen.
Lass uns, wenn wir gemeinsam beten
für den Frieden im irdischen Jerusalem,
einen Blick erhaschen auf die Heilige Stadt,
die vom Himmel kommt und in der du der „Gott-mit-uns" bist.

Die Botschaft der beiden Bibeltexte ist eminent wichtig, denn sie gibt uns die Hoffnung, alle Schwierigkeiten überwinden und die reine Freude am Gott-mit-uns genießen zu können. Es ist eine Botschaft der Hoffnung für alle, die der Fülle des Friedens, der Harmonie und der Eintracht unter den Völkern entgegengehen wollen, für uns, die wir die Offenbarung jenes Jerusalem ersehnen, das vom Himmel herabkommt.

Wir sind Kinder Gottes, sagt Paulus im Römerbrief, wenn wir uns vom Geist Gottes leiten lassen und ständig im Geist erneuert werden (vgl. Röm 8,14). Wo das geschieht, bricht die neue Schöpfung in jeden Einzelnen von uns und in die christliche Gemeinschaft ein: Da stehen die Zeichen auf Hoffnung.

Ich möchte schließen mit einem Gebet des großen östlichen Kirchenvaters Simeon des Neuen Theologen, in dem er den Heiligen Geist flehentlich anruft:

Komm, wahres Licht,
komm, ewiges Leben,
komm, unaussprechliche Liebe,
komm, verborgenes Geheimnis,
komm, Urheber von Einheit und Harmonie,
komm, Hoffnung aller, die du alle retten willst,
komm, du Quelle des Friedens und des Trostes,
komm, du, der du dich unablässig bewegst,
*   um uns entgegenzukommen.*
Komm, o Heiliger Geist!

Glaube im Angesicht der Welt von heute

Die Freiheit des Menschen

Der Mensch hat sich von vielen Zwängen befreit; er vermag große Distanzen und natürliche Rhythmen zu überwinden … Und wie nie zuvor trägt er Verantwortung. Seine Zukunft hängt nicht zuletzt von ihm ab. Er ist freier und damit auch verantwortlicher, sich entweder für das Gute oder für das Böse zu entscheiden. Diese Entwicklung ist wohl unwiderruflich; sie wird auch die künftigen Generationen prägen. Vor diesem Hintergrund fällt es nicht leicht, die Frage zu beantworten: Welche Ereignisse werfen besonders ernste Probleme und Fragen für meinen Glauben auf? Der Glaube muss sich ja nicht nur mit dem einen oder anderen Problem auseinandersetzen oder sich von diesem oder jenem bedrängt fühlen. Der Glaube ist damit konfrontiert, dass Menschen vor Entscheidungen stehen, die sie als Person auf Gedeih und Verderb betreffen. Die Grundfrage lautet: Was mache ich, was machen wir mit unserer Freiheit, wie gehen wir damit um, auf welche Werte beziehen wir uns angesichts der vielfältigen Herausforderungen?

Je größer die Herausforderung, desto größer das Böse, das getan werden kann. Daher die Abgründe des Bösen in unserer Zeit – und andererseits auch die enormen Möglichkeiten für das Gute. Letztendlich läuft alles auf das Problem der menschlichen Freiheit und der freien Entscheidung hinaus, ein Thema, das aktueller denn je ist, unausweichlicher denn je. So suche ich, frage ich mich nach den Werten, die meiner Freiheit eine Richtung, einen Sinn geben können.

Ich persönlich finde mich sehr in einer Stelle in Dtn 30 wieder: Sie drückt die Verantwortung aus, die Gott mit seiner Schöpfung in die Hand des Menschen legt. Es gibt Freiheit, aber es gibt auch einen Dialog mit demjenigen, der die Freiheit in die Hände des Menschen legt.[17] Das Bild scheint mir vollständig zu sein, ich finde mich perfekt darin wieder.

Es kann Leiden geben, die in gewissem Sinne die Allmacht Gottes infrage stellen; und tatsächlich begegnet uns dieser Gedanke bereits in der Schrift, wenn Paulus den Philippern sagt, dass Christus sich seiner Macht und seiner Vorrechte entledigt und sich selbst zu nichts gemacht hat. Wir müssen uns auf das Geheimnis des Leids einlassen, nicht um rationale Antworten auf das Problem zu geben, sondern um ihm mit einer gewissen Hoffnung begegnen zu können und nicht verzweifelt aus dieser Konfrontation herauszukommen. Für einen Christen ist es grundlegend, sich vor allem auf Gottes Leiden einzulassen, auf seine Niederlage, darauf, dass er sich von der Freiheit, die er selbst ins Leben gerufen hat, besiegen lässt. Das ist ein fesselnder Diskurs, der einen nicht gleichgültig lässt. Darüber hinaus ist *die* bedeutsame Figur für den Christen – ich weiß, dass es für andere schwer zu begreifen ist – das Kreuz, genauer: der Gekreuzigte. Das Kreuz ist die Niederlage Gottes, das Zeichen des besiegten Gottes, der, um die Freiheit zu retten, Ja dazu sagt, sich selbst einzubringen und die Konsequenzen des Missbrauchs der Freiheit auf sich zu nehmen, damit dessen Schlechtigkeit voll erfasst werden kann. Es ist das Geheimnis eines Gottes, der sich so sehr auf die menschliche Freiheit einlässt, dass er sich fast vom Bösen besiegen lässt, um zu helfen, ihm zu entkommen. Hier sehen wir, wie viel Respekt Gott vor der Person und vor der Freiheit hat, und hier können wir etwas von der Dramatik der Geschichte begreifen, einer Dramatik, die bis zur Absurdität geht, denn eine Freiheit, die sich gegen sich selbst richtet, ist absurd.

---

17   Unter anderem heißt es: „Siehe, hiermit lege ich dir heute das Leben und das Glück, den Tod und das Unglück vor … Leben und Tod lege ich dir vor, Segen und Fluch. Wähle also das Leben, damit du lebst, du und deine Nachkommen" (Dtn 30,15-19).

Mich hat das Geheimnis des Wortes [Gottes] immer sehr angezogen, die Art, wie Gott durch die Heilige Schrift und die Propheten kommuniziert: Das Wort spricht freie Adressaten an. Und so verweist es selbst über sich hinaus, und zwar dergestalt, dass es nicht bindet, nicht erdrückt, sondern ein Angebot macht, aufrüttelt, anregt – und vollkommen frei lässt. Das ist die Dynamik der gesamten Heiligen Schrift. Es ist ein Wort, das von seinen eigenen Niederlagen berichtet; die Bibel ist voll von Berichten über die Nichtannahme des Wortes, über das verworfene Wort. Diese Dynamik der Freiheit scheint mir wirklich jenem großen Mysterium inhärent zu sein, das wir nur durch Andeutungen benennen können (die hebräische Tradition ist in dieser Hinsicht eine Lehrmeisterin), und wir können begreifen, dass dieses Mysterium eine Richtung hat, die der Freiheit entgegenkommt, um sie zu respektieren, sie so zu akzeptieren, wie sie ist, und sie dazu anzuregen, das Gute zu wählen, wohlwissend, dass sie das Gegenteil wählen kann, die Zerstörung – bis dahin, dass sie das menschliche Leben auf der Erde auslöscht; über die technischen Möglichkeiten verfügen wir heute.

Der Glaube an das Jenseits

Die letzten Jahrzehnte des 20. Jahrhunderts waren vor allem in Europa von einer schmerzlichen, unentwegten Reflexion über die Tragödie der Shoah geprägt. So der Himmel will, sollte zumindest diese Reflexion dazu dienen, Ähnliches für alle Zukunft auszuschließen!

Was das Thema Glaube in diesem Zusammenhang betrifft, so lese ich in der klassischen jüdischen Tradition eine Offenheit für das Jenseits, ein totales, schier unglaubliches Vertrauen in Gott: „Herr, mein Gott, ich flüchte mich zu dir" (Ps 7,2). Hier ist alles! Alles soll *ihm* überlassen bleiben, auch die Frage nach einem Leben im Jenseits … Er weiß es. Ein solches totales Vertrauen scheint mir für den jüdischen Glauben charakteristisch. Es ist beeindruckend.

Die hebräische Wurzel des Wortes „Glauben" bedeutet übrigens so viel wie „sich anlehnen", „sich auf jemanden stützen". Es ist, wie wenn jemand sich an einen Felsen lehnt, um nicht vom Sturm oder einem reißenden Fluss mitgerissen zu werden. Sich auf Gott, auf ihn allein zu stützen, ist grundlegend für den Glauben. Und dieser Glaube ist schwierig, so schwierig, dass Jesus selbst die geheimnisvolle Frage stellt: „Wird der Menschensohn, wenn er kommt, (noch) Glauben auf der Erde finden?" (Lk 18,8). Jesus selbst fragt sich, ob der Glaube den Absurditäten standhalten wird, die die menschliche Freiheit in der Welt hervorbringen wird. Das ist keine rhetorische Frage. Jesus stellt sie sich, weil er weiß, wie gefährdet der Glaube jederzeit ist.

Wenn man glaubt, stützt man sich nicht auf die eine oder andere Überlegung, sondern auf den lebendigen Gott. Jesus weiß das. Ijobs Glaube schließt die Erkenntnis ein, dass es am Ende Gott zukommt, ein Urteil zu sprechen: ihm, der alles weiß. *Das* rettet ihn. Es ist also kein Verlass auf die eine oder andere Überlegung, auch nicht auf eine Art Entschädigung im anderen Leben. Wenn jemand sagt: „Ich weiß nicht, warum ich weitermache, aber ich weiß, *dass* ich weitermache", so bedeutet dies, dass er Vertrauen, dass er Glauben hat.

Da ist nichts auszuhandeln.

Gott kann nur Leben anbieten und bietet Leben in Fülle an; *er* weiß, wo, wann und wie. Es ist das Vertrauen auf Gott, das per se einen Lebenshorizont eröffnet, der niemals scheitern kann. Es ist Gott selbst, der sich als das Leben des Menschen anbietet, und die Bibel bekräftigt durchweg, dass *Gott* das Leben des Menschen ist. Ich denke an das Wort Jesu: „Ich bin das Leben" (Joh 11,25; 14,6). Und ich möchte hinzufügen, dass es wenig Sinn hat, diese Dinge zu sagen, solange wir sie nicht wie Ijob am eigenen Leib erfahren haben. Es ist etwas anderes, am Schreibtisch über das Unglück der Menschheit nachzudenken, als es selbst zu erleben. Es gibt Situationen, in denen es kein Argument gibt, warum jemand seinen Weg fortsetzt. Er geht weiter, weil *Jemand* in seiner Nähe ist, besonders wenn er sich in der Dunkelheit, in der Finsternis, in spiritueller oder geistiger Trockenheit befindet. So wird der Glaube klarer und ist nicht mehr von Dingen umkreist, die seine Kraft und Prägnanz verdecken.

Die Beziehung zwischen Glaube und Fortschritt

Ich lasse mich von dem Wort des Evangeliums inspirieren: „Ihr könnt nicht Gott und dem Mammon dienen" (Mt 6,24; Lk 16,13). Man muss sehen, welchem Herrn man dient.

Sicher schätzen wir alle den wirtschaftlichen Fortschritt mit seinen positiven Folgen und fänden es sehr schwierig, ihn wieder rückgängig zu machen. Es lässt sich jedoch nicht leugnen, dass er ein Götze ist, „ein Herr, dem man dienen muss", sobald er zum alleinigen Regulator menschlichen Lebens wird. Unverkennbar sind die negativen Folgen, ruinöse Wettbewerbe, Bereicherungen, Bestechungen, Streitigkeiten, Kriege, das Aushungern anderer Bevölkerungen. Es wäre gut zu fragen, warum es bei so viel Fortschritt immer noch so viel Hunger und so viel Ungerechtigkeit gibt, warum der Norden und der Süden der Welt so gespalten sind, warum die Reichsten immer reicher und die Ärmsten immer ärmer werden. Wie kommt es, dass die Art und Weise, wie die Menschen „Fortschritt" praktizieren, ihn nicht gleichermaßen allen zugute kommen lässt? Wenn der wirtschaftliche Fortschritt ein Herr ist, der bedient werden muss, sind die Folgen verheerend. Es muss eine Entscheidung getroffen werden. Wenn man der Würde des Menschen, die es um jeden Preis zu retten gilt, mit dem Primat des moralischen, geistigen Fortschritts, der Werte, dient, *dann* hat der wirtschaftliche Fortschritt seinen ihm eigenen Wert.

Ich persönlich glaube, dass der Glaube eine wichtige Funktion für den Fortschritt hat, denn er gibt die „seelische Ergänzung", ohne die der Fortschritt selbst versandet.

Wer hätte gedacht, dass wir uns immer noch über Fundamentalismen, Feindschaften und dadurch ausgelöste Kriege zu wundern haben?! Wir waren überzeugt, dass dieses Stadium überwunden sei. Die erste Einsicht besteht darin, dass die Menschheit noch einen langen Weg vor sich hat.

Ich würde nicht von „gutem" und „schlechtem" Glauben sprechen, sondern definiere „Glauben" in einem weiten Sinne als die Hingabe des menschlichen Geistes, der Person, an einen Wert, der unermesslich, der unendlich viel größer ist als der Mensch selbst, einen Wert, der ihn übersteigt, dem man sich mit ganzer Kraft widmet und dem man sich anvertraut. Sich anvertrauen, sich einem Jenseits hinzugeben, das ist den großen Religionen gemeinsam, und eine phänomenologische Analyse des gesamten religiösen Phänomens zeigt seine Verbindung mit der Idee des Guten, der Barmherzigkeit, mit der Idee des Mitgefühls, also mit etwas, was im Gegensatz zu Krieg und Konflikt steht. Der *Glaube* in all seinen authentischen geschichtlichen Formen führt zu Verständnis, Mitgefühl, Akzeptanz anderer und Solidarität. *Religion* hingegen ist der kulturgeschichtliche, lehrmäßige, disziplinarische, soziale Ausdruck des Glaubens, und in diesen Ausdruck können ethnische Elemente einfließen, Elemente, die mit dem je Eigenen einer sozialen Gruppe, ihren Privilegien und ihrer Verteidigung verknüpft sind.

Wenn Religionen sich in der Bindung an kontingente geschichtliche Werte verfangen und die dahinter liegende transzendente Realität vergessen, können sie auch zu einem Grund für Konflikte werden. Alle, die mit solchen Konflikten vertraut sind, weisen darauf hin, dass es sich dabei nicht um Religionskriege im eigentlichen Sinn handelt, sondern um ethnische Kriege mit sozialem oder nationalistischem Hintergrund, in denen die Religionen freilich – erwiesenermaßen und unbestreitbar – eine wichtige Rolle spielen. Und das passiert genau dann, wenn das religiöse Element den Interessen einer ethnischen Gruppe, den Privilegien, den zu verteidigenden Positionen, auch den legitimen, nachgeordnet und unterworfen ist und sich so mit Nationalismen etc. verbündet. Die verschiedenen Elemente müssen unterschieden werden.

Es hat zu lange gedauert – mindestens ein Jahrtausend! –, eine Unterscheidung zwischen der Wirklichkeit des Glaubens und der politischen Ebene einzufordern. In der Antike gab es diese Unterscheidung nicht. Die Religion diente der Verteidigung der gesellschaftlich-politischen Ordnung. Die Umsetzung des Grundsatzes „Gebt dem Kaiser, was dem Kaiser gehört, und Gott, was Gott gehört" (Mt 22,21) durch die Christen ist das Ergebnis eines sehr langsamen Prozesses. In der Tat sehen wir, dass ein gewisser Zusammenhang noch nicht ganz überwunden ist, und wir müssen aufpassen, dass wir bestimmte Situationen nicht etwas zu sehr von oben herab beurteilen.

Islam und Fundamentalismus

Wir werden immer wieder mit dramatischen Projektionen konfrontiert, die ich für schädlich halte, weil sie die westliche Öffentlichkeit dazu verleiten, den Islam mit Fundamentalismus oder sogar Terrorismus gleichzusetzen bzw. zu verwechseln. Das ist ein sehr schwerwiegender Fehler, der die Gemüter erhitzt und Formen der Ablehnung schafft, Krisen der Ablehnung, die absolut wahnsinnig sind.

Wenn es Sektoren, Gebiete und Menschen gibt, die sich von der Wut des Terrorismus mitreißen lassen, müssen diese isoliert werden und dürfen nicht durch Verallgemeinerungen weiter „vergrößert" werden. Das ist eine teuflische Falle, und wenn wir in sie hineinfallen, schüren wir in Wirklichkeit den Extremismus. Es sollte klargestellt werden, dass es in *allen* religiösen Traditionen, nicht zuletzt im Islam, eine Grundlage für authentische, mitfühlende, barmherzige und tolerante menschliche Beziehungen gibt – eine Basis, um mit unseren jeweiligen Realitäten und Traditionen in einen Dialog zu treten. Immer wieder müssen wir uns auf diese zugrundeliegende Wahrheit besinnen, die Menschen zusammenzubringen imstande ist – und wir dürfen nicht einzelne Abirrungen verallgemeinern und für „die Wahrheit" [einer anderen Religion] halten.

Religiöser Glaube und Wahrheit

Wahrheit, so wie ich sie verstehe, ist eine Öffnung auf ein Mysterium hin, das unendlich viel größer ist als wir selbst. Sie ist eine Intuition, alles Sprechen darüber ist ein Stammeln. Das Geheimnis des unendlich Anderen ist etwas, zu dem der gute Wille eines jeden Zugang hat, wenn auch in verschiedenen Formen und unter verschiedenen Namen. So ist der Dialog untereinander möglich in der Zuversicht, dass auch der andere mit dem, was er vor sich hat, nicht zufrieden sein wird. Hier sehe ich die Möglichkeit und den Anreiz, miteinander zu reden.

Auf der anderen Seite stimme ich zu, dass der Wert der Toleranz wichtig ist, aber ich möchte nicht, dass daraus eine zu graue Welt entsteht, in der es keine Kommunikation mehr gibt. Das Schöne ist, dass wir miteinander reden und dabei jeder versucht, etwas von seinen Schätzen einzubringen, von dem, was er für gut und richtig hält. Es ist die Liebe, die uns dazu drängt, das mitzuteilen, was wir in uns tragen, es freimütig mitzuteilen, vor allem unser Vertrauen in ein Geheimnis, in dieses „Namenlose", in das Jenseits, das mein Leben erfüllt und das, da bin ich mir sicher, auch etwas mit dem Leben des anderen zu tun hat. Auf dieser Grundlage sind der ökumenische Dialog, der interreligiöse Dialog und der Dialog mit suchenden Nicht-Glaubenden möglich. In Mailand gibt es eine Initiative, die seit 1989 jedes Jahr wiederholt wird, die *Cattedra dei non credenti* („Lehrstuhl der Nicht-Glaubenden"), bei der Gläubige und Nicht-Gläubige eingeladen sind, die Gründe für ihren Glauben oder Nicht-Glauben laut auszusprechen. Der „Lehrstuhl" soll eine Übung des Geistes sein, denn es geht nicht so sehr um die Unterscheidung zwischen Gläubigen und Nicht-Glaubenden, sondern zwischen Denkenden und Nicht-Denkenden. Wenn wir denken, führen wir einen Dialog und diskutieren über etwas, das uns am Herzen liegt: Das ist ein großer Wert für das Wachstum der Zivilisation, für den menschlichen und sozialen Fortschritt. Der Dialog über Werte und über den Glauben ist Teil des Fortschritts der Menschheit und schafft eine nützliche, ja notwendige Dialektik. Es wäre eine sehr traurige Welt, wenn jeder gleichsam mit dem Rechner in der Hand sagen würde: „Das ist dein Bereich, und das ist meiner!"

Migration und Toleranz

Ich bin sehr besorgt. Wir stehen vor einer Herausforderung, die wachsen wird und uns mindestens die nächsten fünfzig Jahre beschäftigen wird. Alles hängt davon ab, wie wir heute damit umgehen, und ich denke, es ist wichtig, objektiv zu sein, unsere Gefühle zu kontrollieren und uns nicht von der einen oder anderen Episode mitreißen zu lassen, damit keine Situation allgemeiner Angst aufkommt, keine Schreckgespenster, die Abwehr, Misstrauen und schlimme Reaktionen hervorrufen. Natürlich schließt das Problem praktische Aspekte und politische Ebenen ein, auf die ich hier nicht eingehen kann. Aber ich habe seit vielen Jahren darüber gesprochen und habe nachdrücklich darauf gedrängt, dass klare Regeln aufgestellt werden müssen, dass wir eine Politik brauchen, die alle Aspekte des Themas einbezieht, von der Einreise über die Unterbringung und Integration, familiäre Aspekte etc. bis hin zu Zukunftsperspektiven.

Wir für unseren Teil befassen uns vor allem als christliche Gemeinde damit, die Menschen dazu zu erziehen, achtsam mit anderen umzugehen und die Regeln des Landes, in dem wir miteinander leben, zu respektieren – beides ist wichtig. Es ist wichtig, die Gesetze des Landes und die allgemeinen staatsbürgerlichen Gepflogenheiten einzuhalten, aber wir müssen den Menschen helfen und sie dazu befähigen, dies zu tun. Wenn wir versuchen, dieses Problem nur mit Puffermaßnahmen oder mit negativen Gefühlen und Emotionen zu lösen, liegen wir völlig falsch!

Säkularer Humanismus und religiöser Humanismus

Ich bin glücklich, wenn ich mit Menschen kommunizieren kann, die einen säkularen Humanismus leben und den Wunsch und die Fähigkeit zum Dialog haben.

Ich frage mich aber auch, warum es da so viele Schwierigkeiten gibt; vielleicht muss man die Geschichte berücksichtigen. Ich habe die Geschichte meines Vorgängers, Kardinal Ferrari, noch einmal gelesen: Es macht betroffen, mit welcher Verachtung die katholische Kultur von der säkularen Kultur betrachtet wurde und zu welchen Formen der Verunglimpfung und des Obskurantismus es kam. Leider gibt es in Italien eine lange Geschichte tiefgreifender Gegensätze, die viel Misstrauen gesät haben. Es lässt sich nicht leugnen, dass die säkulare Kultur immer dazu neigt, auf die katholische Kultur herabzublicken und sie für eine Sakristei- oder Seminarkultur zu halten. Solange dieses Misstrauen nicht überwunden ist, fürchte ich, ist nicht viel zu machen. Ich bin jedoch überzeugt, dass viele Initiativen weitergeführt werden können und dass wir heute viel weiter sind als vor fünfzig oder hundert Jahren. Natürlich braucht man Geduld, Zeit und Übung.

In dem Zusammenhang glaube ich, dass biblische Grundkenntnisse eine gute Hilfe für eine größere Öffnung wären (die italienische Kultur hat sich sehr von der Bibel entfernt). Wenn wir zur biblischen Kultur zurückkehren, dann haben wir eine wirklich wichtige Grundlage für Gespräche, für den Dialog, und wir finden uns auf einer gemeinsamen Basis wieder, überwinden sinnlose Zäune und schauen nicht mehr aufeinander herab. Wir sollten erkennen, dass die biblische Tradition tatsächlich unsere Wurzel, unsere Heimat ist.

Jerusalem, Symbol der Einheit

Die Zukunft der Menschheit liegt in der Zukunft der menschlichen Freiheit, wie Gott sie vorgesehen hat. Sie liegt auch in der Zukunft der biblischen Verheißungen, die von Jerusalem als dem Ort sprechen, an dem alle Völker zusammenkommen können, und vom Bild des himmlischen Jerusalem, dessen Türen Tag und Nacht offen stehen und in das man jederzeit eintreten kann. Das ist in der DNA der Menschheit angelegt, so wie Gott sie vorgesehen hat.

Diese Freiheit dient der Einheit aller Völker, sie dient dazu, dass alle *ein* Volk sind: Das ist das starke Gesetz der Geschichte. Es kann auf absurde Weise bekämpft werden, es kann auf irgendeine Weise blockiert werden, aber das Gesetz ist stärker. Ich habe also Anteil an Gottes Vertrauen und an der Freiheit des Menschen, weil ich weiß, dass es die Freiheit des Menschen ist, die wirksam werden muss.

Die Einheit der Menschheit, diese Macht, die über den einzelnen Teilen steht, wird immer dringlicher, denn der Mensch hat grenzenlose Möglichkeiten, zu tun, was er will. Was wir also brauchen, ist ein verantwortungsvoller Bezugspunkt. Alle Staaten, alle Nationen müssen imstande sein, sich zum Wohle der Menschheit zusammenzuschließen. Wir können nicht wissen, ob die Menschheit dies erkennen wird oder nicht, aber alle Voraussetzungen dafür sind gegeben. Der Weg der Menschheit führt unweigerlich dorthin. Das Bild, das die Propheten gezeichnet haben, führt uns zu dieser Vision zurück: Es ist eine Vision der Hoffnung.

Jerusalem ist *das* Symbol aller menschlichen Erwartungen und Hoffnungen, der Ort, an dem sich in gewisser Weise das

menschliche Leid konzentriert, menschliche Sorgen aufeinandertreffen, aber auch alle Hoffnungen neu entfacht werden. Wenn wir nach Jerusalem schauen, blicken wir in die
richtige Richtung.

Gemeinsam für Gerechtigkeit und Frieden arbeiten

Die Situation in der Welt heute

Ich möchte mich zunächst auf Martin Buber berufen, der
zusammen mit anderen bedeutenden Denkern des letzten
Jahrhunderts – ich denke an Franz Rosenzweig, Hermann
Cohen, Leo Baeck und Jacques Maritain – immer wieder versucht hat, die kritische Instanz der Wissenschaftsphiloso-
phie mit den personalistischen Forderungen des Glaubens in
Einklang zu bringen. Während die großen philosophischen
Schulen in Berlin und Wien (und später in Amerika) u. a. mit
Otto Neurath und Karl Popper eine wissenschaftliche Philosophie begründeten, die metaphysische Fragen beiseite
schob, wollte Buber nie auf die Hoffnung verzichten, die ihre
letzte Grundlage im Glauben findet und in der Geschichte
eine ständige Herausforderung an die menschliche Freiheit
und Verantwortung erkennt. Auch im dritten Jahrtausend
fordert uns die Geschichte heraus: Für uns erklingt heute der
Imperativ: *Zachor!* – Erinnere dich, vergiss den Menschen,
deinen Bruder, deine Schwester, nicht! *Schema'!* – Höre auf
ihre Schmerzensschreie, die die Jahrhunderte überspannen!

Die Kinder der Erinnerung werden die großherzigen
Mütter und Väter einer Zukunft des Friedens sein.

Die unermessliche Tragödie des Zweiten Weltkriegs und in ihrem Rahmen der Abgrund des Bösen der Shoah haben leider wieder einmal und in einem noch nie dagewesenen Ausmaß gezeigt, wie zerbrechlich der Weg des Menschen in der Geschichte ist und für wie viel Grauen wir verantwortlich, wie sehr wir mitschuldig sein können. So hat sich die ethische Frage nach dem Bösen wieder mit Nachdruck in das Bewusstsein der Menschen und Völker gedrängt.

Die Massenausrottungen des zwanzigsten Jahrhunderts, vom Völkermord an den Armeniern über die „ethnischen Säuberungen" in Europa bis hin zu den aktuellen Massakern in Zentralafrika, stehen uns vor Augen und gehen uns an. In der Tat können wir sagen, dass das Maß an Mitgefühl und Solidarität immer mehr zum Prüfstein für die Reife eines jeden Menschen und seine Fähigkeit wird, dem Bösen mit Gutem zu begegnen, bis hin zur völligen Selbsthingabe – wie es Martin Luther King, Gandhi oder Mutter Teresa taten. Denken wir an die kleinen und großen Helden, an die Märtyrer für den Glauben, die Freiheit und die Liebe, an einen Dietrich Bonhoeffer, Bernhard Lichtenberg, Janusz Korczak … Diese und viele andere Männer und Frauen zogen es vor, ihr Leben für andere zu geben, für die Verfolgten, die Schwachen, für verwaiste jüdische Kinder, für die in die Vernichtungslager Deportierten. Es ist eine große stille Schar, die uns ein lebendiges Beispiel dafür gibt, wie man dem Bösen mit Gutem begegnen kann, und die uns dabei hilft, zu verhindern, dass vergangenes und gegenwärtiges Leid vergessen, verdrängt, geleugnet oder bagatellisiert wird.

Mehr als ein halbes Jahrhundert nach der Shoah gibt es in der Welt riesige Gebiete voller Elend und Armut, moralisch wie materiell, in Ost und West, in Nord und Süd; eine Situation, die durch Ausbeutung, durch kriminelle Handelssysteme mit Drogen, Waffen und Prostitution sowie durch die sinnlose Ausbeutung natürlicher Ressourcen noch verschlimmert wird. Man hat den Eindruck, dass die Doktrin des wirtschaftlichen Pragmatismus sich in naiver Weise anmaßt, *die* Lösung für die Probleme der Menschheit zu sein, und dabei Gefahr läuft, in die Fehler früherer Generationen zurückzufallen. Die Programme eines Weltmarktes werden wahrscheinlich scheitern, wenn sie nicht durch ein angemessenes ziviles, soziales und bildungspolitisches Engagement und durch eine gemeinsame ethische Anstrengung unterstützt werden.

Die entscheidende Frage und die bisherige Antwort

Welchen Beitrag können in diesem Weltpanorama die Christen und Kirchen, die Juden und Muslime und alle Glaubenden leisten?

Eine weitreichende und durchdachte Antwort der Christen, Frucht eines Jahrhunderts geistlicher und praktischer Bewegung, war die ökumenische Bewegung mit ihren Protagonisten: John Mott, Nathan Söderblom, Athenagoras, Johannes XXIII., Augustinus Bea und vielen anderen. Diese Bewegung entstand aus der Missionserfahrung, vor allem in Asien, und aus der „Oxford-Bewegung", die sich vor allem mit den Christen im Osten, speziell in Russland befasste. Die geistliche Erneuerung, die sich in bestimmten Bewegungen manifestiert hat, kann der Ökumene heute vielleicht einen neuen, kraftvollen Impuls geben.

Auf jüdischer Seite ließ die Reaktion auf das neue Klima des Dialogs und der Zusammenarbeit nicht lange auf sich warten. Sie wurde von mutigen Persönlichkeiten vorbereitet, die in der Lage waren, die Barrieren des Misstrauens zu überwinden, Barrieren, die in zwei Jahrtausenden einer von Verachtung, Verurteilung und Verfolgung geprägten Lehre und Praxis errichtet wurden.

Nach der Katastrophe, die über Europa hereinbrach, während über die moralische und zivilrechtliche Verantwortung für diese schrecklichen Ereignisse debattiert wurde, erkannte man die Fehler und Sünden an, die die Gräueltaten und das Böse von Auschwitz möglich gemacht hatten. Die erste Vollversammlung des Ökumenischen Rates der Kirchen 1948 in Amsterdam veröffentlichte ein Dokument, in dem die Kirchen „in aller Demut bekennen", dass sie „es zu oft versäumt haben, die christliche Liebe zu unseren jüdischen Nachbarn zu bekunden, und auch die der einfachen sozialen Gerechtigkeit". Sie gestehen, den Antisemitismus nicht mit aller Kraft bekämpft zu haben, und „bitten alle hier vertretenen Kirchen, den Antisemitismus unabhängig von seinen Ursprüngen als eine Haltung zu verurteilen, die mit dem Bekenntnis und der Praxis des christlichen Glaubens absolut unvereinbar ist … Der Antisemitismus ist eine Sünde gegen Gott und die Menschen".

Drei Wochen zuvor hatte das Internationale Jüdisch-Christliche Komitee, das hinter der Gründung des Internationalen Rates der Christen und Juden (ICCJ) stand, eine internationale Konferenz in Seelisberg, Schweiz, einberufen, die einen zehn Punkte umfassenden „Appell" an die Kirchen richtete, der für den Dialog von grundlegender Bedeutung ist. Die „Zehn Seelisberger Punkte" hatten nicht nur einen entscheidenden Einfluss auf die Ausrichtung der Arbeit des ICCJ in einer ökumenischen Perspektive, sondern haben in den Kirchen auch eine größere Offenheit gegenüber dem jüdischen Volk, seiner Geschichte und seiner geistlichen Tradition geweckt. Die Ökumene und der Dialog mit den Juden wurden auch zu entscheidenden Punkten im Programm des Aggiornamento, das Papst Johannes XXIII. dem Zweiten Vatikanischen Konzil mit auf den Weg gab. Es fand seinen Ausdruck im Dekret *Unitatis Redintegratio* und in der Erklärung *Nostra Aetate.* Der nachfolgende Pontifikat von Johannes Paul II. und einige seiner bedeutenden Gesten, vom Besuch in der Synagoge in Rom bis zur Aufnahme voller diplomatischer Beziehungen zwischen dem Heiligen Stuhl und dem Staat Israel, haben es möglich gemacht, große

Schritte in die von Martin Buber erhoffte Richtung der Überwindung der Kluft zwischen den „zwei Weisen des Glaubens" (Karl Barth) und der Anerkennung der gemeinsamen Berufung des Volkes Gottes „als Israel und als Kirche" zu machen. Bei mehreren Gelegenheiten hat Johannes Paul II. seine Stimme erhoben, um der Kirche den Weg zur *Teschuwa*, zur Bekehrung und zur Versöhnung zwischen der Kirche und dem jüdischen Volk zu zeigen und das Unrecht und die Diskriminierungen anzuerkennen, die diesem Volk jahrhundertelang von der vorherrschenden christlichen Kultur zugefügt wurden.

Fünf Dimensionen einer ernsthaften Aufgabe

Angesichts der Herausforderungen der heutigen Welt ist es unsere Aufgabe, Gott „Schulter an Schulter" (Zef 3,9) zu dienen und gemeinsam für Gerechtigkeit und Frieden zu arbeiten, eine Aufgabe von immensen Ausmaßen. Es geht darum, als freie Menschen mit Gott zusammenzuarbeiten, um die Herrschaft des Allerhöchsten in der Welt wiederherzustellen.

Der Beginn des neuen Millenniums hat den Erlösungsplan, den Gott in der Geschichte verwirklichen will und den die Propheten Israels angekündigt haben, noch einmal eindringlich vor Augen geführt. Das „Gnadenjahr", das Jesus mit den Worten des Propheten Jesaja ankündigt, besteht in der Ausgießung des Geistes des Herrn: „Der Geist des Herrn ruht auf mir; denn er hat mich gesalbt. Er hat mich gesandt, damit ich den Armen eine frohe Botschaft bringe; damit ich den Gefangenen die Entlassung verkünde und den Blinden das Augenlicht; damit ich die Zerschlagenen in Freiheit setze" (Lk 4,18; Jes 61,1). Die Tatsache, dass Jesus das Gnadenjahr in der Synagoge von Nazaret verkündete, ist nicht ohne Bedeutung: Sie erinnert uns daran, dass wir Christen nicht den Anspruch erheben können, die Frohe Botschaft zu wiederholen, wenn wir uns von der Synagoge, von unserer unabdingbaren, „radikalen" (*radix* = Wurzel) Beziehung zu Israel lösen.

So möchte ich fünf Dimensionen der ernsten Aufgabe aufzeigen, zu der wir aufgerufen sind.

(1) Zuallererst die Liebe zu Israel. Die Liebe zum „erstgeborenen" Volk des Bundes ist für Christen keine Option, sondern ein theologischer Imperativ, an dem die Verkündigung des Heils hängt. Gleichzeitig müssen wir die Glaubensidentität der Gemeinschaft Israels respektieren und anerkennen, dass der geheimnisvolle Heilsplan, in den wir eingepfropft wurden, immer auch das Volk des mosaischen Bundes betrifft. In diesem Zusammenhang muss anerkannt werden, dass es eine Asymmetrie zwischen Israel und der Kirche gibt und dass diese auch eine theologische Dimension sowie historische und ethische Konsequenzen und Auswirkungen hat. Aber ist die Asymmetrie nicht letztlich ein bewundernswertes Zeichen der unentgeltlichen und fürsorglichen Liebe Gottes zu den Menschen? … einer grenzenlosen Liebe, die vergibt, die teilt, die mit jedem gedemütigten und beleidigten Menschen, mit Witwen und Waisen und mit den Fremden leidet und die durch diese Teilhabe die Befreiung vom Bösen *für alle* will? Die leidenschaftliche Liebe Gottes des Vaters offenbart sich vor allem an Israel. Wir Christen können sein väterliches und mütterliches Antlitz betrachten, indem wir die Bibel der Juden lesen, meditieren und mit ihr beten, die die Kirche mit Demut und Dankbarkeit als ihr erstes heiliges Buch empfängt.

(2) Neben der spirituellen Dimension unserer tiefen Verbundenheit mit Israel gibt es eine zweite Dimension, in der Geschichte und ethische Verantwortung miteinander verschmelzen. Gerade wir Christen können nur große Trauer über die historischen Tragödien empfinden, die dem vom Vater so geliebten jüdischen Volk widerfahren sind; Tragödien, die bis zur versuchten totalen Vernichtung im letzten Welt-

krieg gingen. Und dieses historische Bewusstsein, das ein Gefühl der schmerzlichen Solidarität erzeugt, darf nicht enden, bis es zu einem demütigen Bekenntnis unserer Mitschuld geführt hat, das alle Formen des Antisemitismus zurückweist und uns auf den Weg der *Teschuwa*, der Umkehr, führt.

(3) Eine dritte Dimension unserer Beziehung zu Israel verbindet die Geschichte und die endgültige Zukunft der Welt in der Perspektive der vollständigen Verwirklichung der Erlösung. Das geheimnisvolle und machtvolle Handeln Gottes, des Erlösers, erfüllt sich auch heute und in Zukunft in der Geschichte des jüdischen Volkes, denn Gott liebt diese seine Kinder heute noch genauso wie am Anfang, in Treue zu dem Bund mit ihnen, der nie widerrufen wurde. Mit ihnen erwarten auch wir das „Offenbarwerden" der Herzen, und mit ihnen sind wir aufgerufen, für das Wohl der Menschheit zusammenzuarbeiten.

(4) In ihrer gemeinsamen Verantwortung für die Rettung der Welt und der Menschheit sind Israel und die Kirche freilich nicht allein: In dem Gebet für den Frieden, zu dem Johannes Paul II. 1986 nach Assisi eingeladen hat, kamen Stimmen zu Wort, die in tiefem Einklang mit Jesaja und dem Evangelium stehen. So heißt es in einem Gebet des buddhistischen Heiligen und Weisen Shantideva (8. Jh.):

„Mögen alle, die von der Kälte erschöpft sind, Wärme finden,
und alle, die von der Hitze niedergedrückt werden, Erfrischung …
Mögen alle Tiere von der Angst befreit werden,
voneinander gefressen zu werden;
mögen die hungrigen Geister glücklich sein,
die Blinden sehen, die Tauben hören.
Mögen der Nackte Kleidung
und der Hungrige Nahrung finden …
Mögen alle, die sich fürchten, keine Angst mehr haben,
und die, die in Ketten liegen, die Freiheit finden …
Mögen sich alle Menschen untereinander als Freunde erweisen."

Das Gebet der Hindus, das den *Upanischaden*, den uralten Meditationen über die Veden, entnommen ist, klang nicht anders:

> *„Lasst uns unsere Verpflichtung bekräftigen, Gerechtigkeit und Frieden durch die Bemühungen aller Religionen der Welt zu schaffen ... Möge der allmächtige Gott, der Freund aller, unserem Frieden förderlich sein. Möge der göttliche Richter uns der Geber des Friedens sein."*

Wir sind uns auch der vollen religiösen und menschlichen Bedeutung des Wortes „Frieden" sowohl in der muslimischen Tradition *(Salam)* als auch in der jüdischen *(Schalom)* bewusst: Sie verbinden den Frieden mit der Gegenwart des Reiches Gottes und mit dem Gehorsam des Glaubens[18]; und sie begrüßen einander als Brüder und Schwestern im Glauben mit diesem Wunsch nach Frieden.

Diese Akzente des Glaubens und der tiefen Menschlichkeit, die in den heiligen Texten der Weltreligionen weit verbreitet sind, können uns an das „Buch der Völker" denken lassen, von dem die Bibel spricht (vgl. Psalm 87,6): ein himmlisches Buch, in dem Gott selbst schreibt, auf dessen Seiten aber auch in den Büchern der Völker der Welt verwiesen wird. All dies zeugt davon, dass die großen religiösen Traditionen der Menschheit auch heute die Suche nach Wegen des Friedens und den Einsatz für den Frieden unter den Menschen inspirieren können. Diesem Bestreben entspricht, so scheint mir, das beharrliche und weitsichtige Engagement des Internationalen Rates der Christen und Juden. Über dieses Engagement könnte man sagen, was Johannes Paul II. am Ende des historischen Friedensgebets in Assisi zum Ausdruck brachte: dass wir es als „eine Vorwegnahme dessen sehen können, was Gott sich für die geschichtliche Entwick-

---

18   *Islam* bedeutet wörtlich „Sich-Ergeben" in den Willen Gottes, Hingabe an Gott und Unterwerfung unter ihn.

lung der Menschheit wünscht: dass es eine geschwisterliche Reise sei, auf der wir einander zu dem transzendenten Ziel begleiten, das er für uns bestimmt hat".

In den universellen Akzenten von Gebet und Frieden sehen wir gerne den Beginn der Blüte der Erlösung, eine pfingstliche Ausgießung des Gottesgeistes, wie Joël es vorausgesagt hat: „Ich will meinen Geist über alle Menschen ausgießen" (Joël 3,1; vgl. Apg 2,17).

(5) Im Laufe der Menschheitsgeschichte hat sich diese Ausgießung des Geistes nicht selten in säkularen und profanen Milieus verwirklicht: Wir denken an die sublimen Meditationen der Dialoge Platons, an die von Konfuzius gelehrte Weisheit, an die unablässige Suche nach ästhetischer Perfektion in der Musik und in den Künsten, an die Forschungen und Entdeckungen heutiger Wissenschaft an den Universitäten und Akademien, in Laboratorien und Forschungszentren.

Der Durst nach Unendlichkeit und Wahrheit hat auch in den erhabenen Formen des Mythos und des Geschichtenerzählens Gestalt angenommen, denken wir etwa an unsterbliche Figuren wie Odysseus oder Prometheus, Symbole für jeden Menschen, der nach Ewigkeit und Unendlichkeit dürstet. Der abenteuerliche Weg der Menschheit, ja auch die bewundernswerte Symphonie des Kosmos können umschrieben werden mit dem Bild eines ständigen Unterwegsseins, einer heiligen Pilgerreise, eines unentwegten Strebens nach dem vollendet Schönen und Heiligen, Gerechten und Wahren. Das Licht der Weisheit des Ostens und die Wissenschaft und Technologie des Westens ergänzen und durchdringen sich dabei gegenseitig, ohne jemals den Anspruch erheben zu können, die tiefste Sehnsucht des menschlichen Herzens ganz zu stillen.

Dieser persönliche, geschichtliche und kosmische Weg ist eine Wanderung auf dem Grat der Freiheit: Auf der einen Seite ist das helle, unauslöschliche Licht, dessen Glanz und Glut jedes menschliche Wort übertrifft; auf der anderen Seite gibt es die Dunkelheit des Irrtums, des Willens zur Macht, der selbst die heiligste Wahrheit zur Rechtfertigung von Gewalt missbrauchen kann. Aus einer „heiligen Reise" kann ein grausames Gemetzel an Unschuldigen werden, wie es das Martyrium der jüdischen Gemeinden in Europa während der Kreuzzüge war, es können Scheiterhaufen angezündet werden, um die Leiber frommer Gläubiger und die Seiten verehrter Bücher zu verbrennen; den Abgrund der Shoa haben wir bereits erwähnt … Die heiligsten Bücher sowohl unserer eigenen wie auch anderer religiöser Traditionen wurden zerstört oder gegen ihre Natur instrumentalisiert und zur Rechtfertigung von Verfolgung und Gewalt missbraucht, die der Würde und Freiheit der menschlichen Person zuwiderlaufen. Denken wir auch an die wichtige Rolle religiöser Traditionen in der Frage der Gleichberechtigung von Männern und Frauen, an positive Impulse wie an negative Einflüsse, die eine volle Gleichberechtigung behindern … Denken wir ferner an rücksichtsloses inquisitorisches Verhalten, an Zensur …

Für die Glaubwürdigkeit des Evangeliums wird es entscheidend sein, wie wir versuchen, die schwerwiegenden Fehler der Vergangenheit zu vermeiden und zu beseitigen. Dazu brauchen wir einander; denn würden wir versuchen, den Prozess der Läuterung allein zu gehen, wären die Ergebnisse wohl eher dürftig. Dieser Weg sieht uns also mit der ganzen Menschheit solidarisch: nicht nur mit unseren Zeitgenossen, sondern auch mit den Menschen der vergangenen Epochen und denen, die nach uns kommen werden.

Umso wichtiger ist es, einen echten Dialog zwischen Juden und Christen, zwischen der Kirche und dem jüdischen

Volk zu fördern, als Zeichen der Hoffnung für einen univer-
salen, weltweiten Dialog. Wenn wir die großen Fortschritte
in der kurzen Zeitspanne eines halben Jahrhunderts betrachten, die Überwindung von Vorurteilen, die fast zwei Jahrtausende überdauert hatten, die neue positive Sicht Israels als
Volk Gottes, die sich unter den Christen zunehmend durch-
setzt, dann fühlen wir uns ermutigt, den Weg zu beschleuni-
gen. Heute haben wir das Gefühl, dass wir als Christen das
dritte Jahrtausend mit einem gewachsenen Bewusstsein für
die Irrtümer betreten können, die die treue Verkündigung
des Evangeliums behindert oder stark beeinträchtigt haben.

Für die Vorbereitung auf den Beginn des dritten Jahrtausend nannte Johannes Paul II. als eines der Hauptziele eine
„ernsthafte Gewissensprüfung" durch die ganze Kirche[19],
und er setzte einen starken ökumenischen und interreligiösen Schwerpunkt.[20] Aus kirchlicher Sicht sieht der Papst im
Zweiten Vatikanischen Konzil die beste Vorbereitung auf das
dritte Jahrtausend, und seine Lesart stimmt mit der von Gio-
vanni Battista Montini, dem späteren Papst Paul VI. überein,
der das Zweite Vatikanische Konzil als Prolog „zu einem anderen zukünftigen Konzil" als „Fest aller Christen" sah, „die
endlich in einer einzigen Herde und mit einem einzigen Hirten geschwisterlich vereint sind"[21], mit anderen Worten: ein
ökumenisches Konzil im vollen Sinne, in den Fußstapfen der
ersten sieben Konzilien der ungeteilten Kirche. Die Geste von
Paul VI., der am 14. Dezember 1975 in der Sixtinischen Kapel-
le niederkniete, um die Füße von Metropolit Melitone, dem
Vertreter des Patriarchen Demetrios von Konstantinopel, zu
küssen, ist die repräsentativste Ikone für jene Haltung, die
der ganzen Kirche gegenüber der Menschheit, angefangen
beim Volk Israel, zu eigen sein sollte.

---

19   Johannes Paul II., Tertio Millennio Adveniente, 35-37.
20   Ebd., 53.
21   G. B. Montini, Hirtenbrief an die Erzdiözese Mailand, 22.2.1962.

Gebet, Schweigen und Buße sind die Stangen, die das Zelt unserer Pilgerreise tragen können, ein Zelt, das – wie unser Herz – allen Männern und Frauen guten Willens offen stehen sollte.

Natürlich ist das Zelt nur etwas Vorübergehendes: Das endgültige Ziel unserer Pilgerreise, auf der jeder Tag wie tausend Jahre und jedes Jahrtausend eine bescheidene Etappe ist, bleibt das, was Gott uns in seiner Liebe zugedacht hat und uns im versöhnten Jerusalem vorbereitet. Wir können und werden unsere Herzen und Stimmen im Gebet vereinen, damit sich die Pilgerreise aller Völker zum heiligen Zion erfüllt, in persönlicher und gemeinschaftlicher Erfahrung. Und wir sind aufgefordert zum Dienst geschwisterlicher Liebe, in dem sich die Anbetung des Vaters „im Geist und in der Wahrheit" verwirklicht.

> *„Der HERR liebt seine Gründung auf heiligen Bergen,*
> *die Tore Zions mehr als alle Stätten Jakobs.*
> *Herrliches sagt man von dir,*
> *du Stadt unseres Gottes.*
> *Ich zähle Rahab und Babel zu denen, die mich erkennen,*
> *auch das Philisterland, Tyrus und Kusch:*
> *Diese sind dort geboren.*
> *Ja, über Zion wird man sagen:*
> *,Ein jeder ist in ihr geboren.*
> *Er, der Höchste, gibt ihr Bestand!'*
> *Der HERR zählt und verzeichnet die Völker:*
> *,Diese sind dort geboren.'*
> *Und sie werden beim Reigentanz singen:*
> *,All meine Quellen entspringen in dir.'"*
>
> *(Psalm 87)*

Gebet für den Frieden

O Gott, unser Vater, reich an Liebe und Barmherzigkeit,
wir wollen dich im Glauben um Frieden bitten,
betrübt und gedemütigt durch die Gewalttaten,
die Blut über Jerusalem gebracht haben und weiterhin bringen,
die Stadt, deren Name uns erinnert
an den Tod und die Auferstehung deines Sohnes,
an Jesus, der sein Leben gab,
um jeden Menschen dieser Welt mit dir zu versöhnen,
mit sich selbst, mit allen Brüdern und Schwestern …
Wir bitten dich um Frieden für die heilige Stadt,
Stadt der Begegnung und doch allzeit umkämpft und gekreuzigt,
die Stadt, auf die dein Sohn, die Propheten und die Heiligen
den Frieden herabgerufen haben.

Wir wollen dich im Glauben um Frieden bitten
für alle Länder der Erde,
für die vielen Brutstätten des Unfriedens und des Hasses.
Wir wollen zu dir beten für die Angreifer und die Angegriffenen,
für die Getöteten und die Mörder,
für all die Kinder, die das Lächeln und die Freude des Friedens
nicht kennenlernen durften.

Es ist wahr, Herr: Wir selbst sind verantwortlich
für den Verlust des Friedens.
Deshalb bitten wir dich:
Nimm unsere aufrichtige Reue an,
gib uns einen demütigen, starken und aufrichtigen Willen,
Beziehungen der Wahrheit und Gerechtigkeit neu aufzubauen,
der Freiheit, Nächstenliebe und Solidarität
in unserem persönlichen und gemeinschaftlichen Leben.

Wir bekennen dir
unsere persönlichen und gesellschaftlichen Sünden:
unsere Anhänglichkeit an den Wohlstand,
unseren Egoismus,
die Untreue und den Verrat in unseren Familien,
unsere Trägheit und die Verschwendung unserer Lebensenergie
für eitle, leichtfertige und schädliche Dinge,
unsere Abkehr vom Elend derer,
die uns nahestehen oder von weit her kommen.
Herr, vielleicht waren wir uns nicht bewusst,
dass wir dadurch Mitverantwortung tragen
für die Zerstörung des unsichtbaren Gebäudes namens „Frieden".

Der irdische Frieden ist ein Spiegelbild des Friedens,
den du uns gibst und anvertraust.
Er entstammt deiner Liebe zu den Menschen und unserer Liebe
zu dir und zu all unseren Brüdern und Schwestern.
Wandle unsere Herzen, Herr:
Wir sind die ersten, die ein friedliches Herz brauchen!
Reinige uns durch das Ostergeheimnis deines Sohnes
von jeglicher Feindseligkeit,
von Parteilichkeit und Voreingenommenheit;
reinige uns von jeglicher Antipathie,
von jeglichem Vorurteil
und jeglichem Wunsch, andere zu übertreffen.

Vater, lass uns begreifen, was das Friedensgebet bedeutet:
ein Gebet der Fürbitte und Sühne,
ähnlich dem Gebet Jesu in Jerusalem;
ein Gebet der Fürbitte, das uns befähigt,
in Konflikten nicht Partei zu ergreifen,
sondern in das Herz unversöhnlicher Situationen einzudringen,
indem wir uns in beide Streitparteien hineinversetzen
und für den einen und den anderen beten.

Wir wollen alle Konfliktparteien mit Liebe umarmen
und ganz auf deine göttliche Macht vertrauen.
Würden wir nur den Sieg des einen oder des anderen erbitten,
würdest du uns nicht erhören …
Sende deinen Heiligen Geist über uns,
damit wir uns zu dir bekehren!
Wir machen uns keine Illusionen: Unsere inneren Ängste,
den Groll gegen andere werden wir nicht überwinden,
wenn wir dem Geist der Freude und des Friedens,
der in uns mit unsagbarem Seufzen beten will, keinen Raum lassen.
Es ist der Geist, der uns befähigt, den Frieden willkommen zu heißen,
der all unsere Vorstellungen übersteigt
und zur festen, ernsthaften Entscheidung führt,
alle unsere Brüder und Schwestern zu lieben,
damit die Flamme des Friedens
in unseren Herzen, in unseren Familien und Gemeinden wohnt
und auf geheimnisvolle Weise über die ganze Welt ausstrahlt
und alle zu einer vollen Gemeinschaft des Friedens führt.
Es ist der Geist, der uns eindringen lässt
in die Kontemplation deines Sohnes,
der gekreuzigt wurde und am Kreuz starb,
um alle Menschen zu einem einzigen Volk zu vereinen.

Und du, Maria, Königin des Friedens, lege Fürsprache ein,
damit der Friede den vielen von Gewalt Gezeichneten zulächele;
wache über dein Land, über Jerusalem,
wecke den Wunsch nach Frieden, Gerechtigkeit und Wahrheit.
Wir versprechen dir, uns nicht zu fürchten vor Schwierigkeiten,
vor den dunklen und schwierigen Momenten,
damit die Menschheit in Frieden und Gerechtigkeit leben kann
und sich die Worte des Propheten Jesaja erfüllen:

„Ich habe eure Wege gesehen und will sie heilen …
Friede, Friede denen in der Ferne und denen in der Nähe,
spricht der Herr, ich werde alle heilen."

Glossar

Bund: Das hebräische Wort *berît* bedeutet „Verpflichtung", „Pakt", „Vereinbarung", „Vertrag". Das sind alles Begriffe, die die *Bindung* ausdrücken, die Gott mit Noah und der ganzen Menschheit (Gen 9,9-17), mit bestimmten Personen wie Abraham (Gen 15,18) oder David (Ps 89,4f), mit dem Volk Israel (Ex 19,5f) und mit denen, die an Christus glauben (Mk 14,24), eingeht. Das griechische Wort *diatheke* ist im Lateinischen mit *testamentum* wiedergegeben, daher die Begriffe Altes und Neues Testament. Die ganze Bibel erzählt die Geschichte des *Bundes* Gottes mit der Menschheit.

Chassidismus: Erweckungsbewegung mystischer Art innerhalb des Judentums. Die berühmteste Ausprägung des Chassidismus entstand Mitte des 18. Jahrhunderts in den Gemeinden Osteuropas: Israel Ben Eliezer, bekannt als der Baal Shem Tov, war sein größter Vertreter.

Haggada: wörtlich „Erzählung". Sie bezeichnet eine literarische Gattung, die aus einer umfangreichen Produktion von Geschichten, Gleichnissen, Sprichwörtern und Gebeten besteht.

Halacha (Halakhah): wörtlich „Weg", steht für die Teile der rabbinischen Literatur, die juristischer Natur sind, und auch die Gesetze selbst, die durch rabbinische Diskussionen aus der schriftlichen oder mündlichen *Tora* abgeleitet wurden.

Ketuwim (Ketuvim): wörtlich „Schriften". Dritter Teil der hebräischen Bibel einschließlich der Hagiografen: Psalmen, Ijob, Sprichwörter, Rut, Hoheslied, Prediger (oder Qohelet), Klagelieder, Esther, Daniel, Esra-Nehemia, Chronik.

Kippur: Das ist der „große Versöhnungstag", an dem seit der Zerstörung des Tempels in Jerusalem streng gefastet wird und Bittgebete um die Vergebung der Sünden verlesen werden.

Megilla: „Schriftrolle", ist ein Traktat der *Mischna,* in dem es um die Lesung des Buches Esther während *Purim,* verschiedene Synagogenlesungen für den *Sabbat* oder andere Feiertage und Fasten sowie Regeln für die Pflege der Synagoge und ritueller Gegenstände geht. Der Plural **Megillot** bezeichnet die fünf biblischen Bücher Hohes Lied, Rut, Klagelieder, Kohelet und Esther.

Messias: Der hebräische Begriff *Messias* bedeutet „mit Öl gesalbt" und bezeichnet eine Person, die Gott geweiht und von ihm auserwählt wurde. Im Alten Testament werden Propheten (1 Kön 19,16), Priester (Lev 3,4) und Könige (1 Sam 10,1) mit Öl gesalbt. Das Volk Israel wartet immer noch auf den *Messias, den Retter,* der von den Propheten angekündigt und dazu berufen wurde, das Böse aus der Welt zu tilgen. Christen hingegen glauben, dass der messianische Erlöser in der Person von Jesus Christus bereits gekommen ist, der gestorben ist, um die Sünden der Menschheit zu tilgen, und der zu neuem Leben auferstanden ist. Das griechische Wort *Christus* leitet sich ebenfalls von dem Verb für *Salben* ab, genau wie das hebräische *Messias* (vgl. Mt 16,15; Apg 2,36).

Midrasch: vom Verb *darash* (untersuchen). Biblische Kommentare mit erbaulicher (homiletische *Midrashim)* oder juridischer Zielsetzung (juridische *Midrashim).* Erstere gehen auf synagogale Homilien zurück, Letztere auf die rabbinischen Lehrstätten. Die ältesten stammen aus talmudischer Zeit, die jüngeren aus dem Mittelalter.

Mischna: wörtlich „Wiederholung". Die Kodifizierung der *mündlichen Tradition* oder *Tora,* die von Rabbi Juda dem Heiligen im 2./3. Jahrhundert n. Chr. durchgeführt wurde, um diese Tradition (die bis dahin in festen, aber ungeschriebenen Formen weitergegeben wurde) vor der Gefahr des Verlusts zu bewahren. Sie ist in sechs Ordnungen unterteilt, die jeweils mehrere Traktate enthalten, in denen die zivilen und religiösen Gesetze aus der *Tora* abgeleitet werden.

Nevi'im: zweiter Teil der hebräischen Bibel, der die Bücher der Propheten umfasst: die früheren (Josua, Richter, 1 und 2 Samuel, 1 und 2 Könige); die späteren (Jesaja, Jeremia, Ezechiel und die zwölf kleineren Propheten: Hosea, Joël, Amos, Obadja, Jona, Micha, Nahum, Habakuk, Zephanja, Haggai, Sacharja, Maleachi).

Pirqe Avot: die „Kapitel der Väter", in denen Rabbi Jehuda (2. Jh.) alle Weisheit der Lehrer Israels gesammelt hat, die ihm vorausgegangen waren.

Seder: wörtlich „Ordnung", das zeremonielle Mahl am Beginn des Pessach-Festes. Während des Pessach-Seders wird *die Haggada von Pessach* (die „Pessach-Geschichte") gelesen; es werden ungesäuertes Brot, bittere Kräuter, ein Früchteteig, ein hartgekochtes Ei und andere rituelle und symbolische Speisen gegessen.

Schabbat (Sabbat): Samstag. Ruhetag in Erinnerung an den „siebten Tag der Schöpfung", an dem Gott selbst ruhte. Er beginnt am Freitagabend kurz vor Sonnenuntergang und endet am Samstagabend mit dem Erscheinen des ersten Sterns am Himmel. Während dieser Zeit muss der praktizierende Jude alle seine üblichen Beschäftigungen aufgeben und sollte nur an Gott denken. Zu den Verboten am *Sabbat* (die rabbinische Gesetzgebung gibt neununddreißig an) gehören Kochen, Handarbeit, Reisen, Schreiben, Geldgeschäfte, Transport von Gegenständen im Freien usw.

Schawuot (Shavuot): wörtlich „Wochen". Frühlingsfest, das ursprünglich die ersten Früchte und die Ernte feierte. Es findet sieben Wochen nach *Pessach* statt und erinnert an den Tag, an dem die *Tora* dem jüdischen Volk gegeben wurde.

Schekina (Shekinah): Die göttliche Herrlichkeit in ihrem schöpfungsimmanenten Aspekt, die göttliche Gegenwart, die Israel überallhin folgt, selbst ins Exil. In der jüdischen Mystik weist sie auch auf die weibliche Seite Gottes hin.

Schema (Schma [Jisrael]): das jüdische Glaubensbekenntnis, das aus drei biblischen Abschnitten besteht (Dtn 6,4-9; 11,13-21; Num 15,37-41) und mit den Worten beginnt: *„Schema' Israel* – Höre, Israel". Es wird zweimal am Tag rezitiert, wobei die erste Strophe das letzte Gebet vor dem Einschlafen und auch vor dem Tod ist.

Talmud: wörtlich „Studium" (oder Lernen) der Tora. Der Komplex von Diskussionen und Interpretationen der Tora, der in den rabbinischen Akademien von Palästina und Babylon entstand. Der *Talmud* besteht aus der *Mischna* und den Kommentaren, *Gemara* genannt, und existiert in zwei Ausgaben: dem *palästinensischen Talmud* und dem *babylonischen Talmud*.

Die *Gemara* berichtet über die rabbinischen Diskussionen, wobei sie immer die verschiedenen Meister zitiert, und enthält einen Teil der *Halacha* und einen Teil der *Haggada*.

Die Abfassung des *Talmuds* liegt zwischen dem 4. und 6. Jh. (der *palästinensische Talmud* wurde etwa ein Jahrhundert früher beendet); der Stoff ist nicht systematisch oder enzyklopädisch angeordnet, sondern nach den *Mischnatraktaten*, wobei Abschweifungen und der Fluss des akademischen Unterrichts beibehalten werden.

Teschuwa (Teshuvah): vom hebräischen Verb *shuv*, das „umkehren" bedeutet, „in die entgegengesetzte Richtung gehen". Der Begriff bedeutet „Rückkehr zu Gott", „Buße", „Umkehr".

Tora ist eine Bezeichnung der hebräischen Bibel, welche auch *schriftliche Tora* genannt und von der *mündlichen Tora* flankiert wird (die man mit der katholischen *Tradition* vergleichen könnte). Die hebräische Bibel wird auch **Tanach (Tanak, Tenach)** genannt – nach den Anfangsbuchstaben ihrer drei großen Teile, TNK: der *Tora* im engeren und eigentlichen Sinne (die dem christlichen Pentateuch entspricht, den sog. fünf Büchern Mose) , den *Nevi'im* („Propheten") und den *Ketuwim* („Schriften").

Bibliografische Hinweise

PILGER ZU DEN WURZELN DES GLAUBENS

– *Da Ur a Gerusalemme: fatiche e gioie di un vescovo nel cammino verso la città. Relazione alla Cattedra dei non credenti,* 16.11.1995, in: *Ripartire da Dio,* Bologna 1996.
– *Il mio cammino verso Gerusalemme. Intervento all'incontro Israele radice santa in occasione della Giornata dell'Ebraismo,* 17.1.2001, in: *Ricominciare dalla Parola,* Bologna/Mailand 2002.
– *Pellegrinaggi in Terrasanta,* in *Vigilare,* Bologna 1993; *Guardando al futuro,* Bologna 1995.

JERUSALEM, STADT ZWISCHEN HIMMEL UND ERDE

– *Camminare insieme nella fede. Messaggio per il giorno dell'ingresso nella Arcidiocesi di Milano,* 10.2.1980, in: *La parola che ci fa chiesa,* Bologna 1981.
– *Gerusalemme: storia, mistero, profezia,* in: *Atti della XXVI settimana biblica,* Rom, *15.-19.9.1980,* Brescia 1982.
– *La Parola nella città* (Homilie am Palmsonntag), 4.4.1982, in: *Un popolo, una terra, una chiesa,* Bologna 1983.
Gerusalemme. Lettura ecumenica della Parola, 9./10.9.1994, in: Autori vari, *Gerusalemme patria di tutti,* Bologna 1995.
– *La singolarità dell'elezione di Israele,* aus: *Cammini laicali,* Mailand/Casale Monferrato 1992; *Due pellegrini per la giustizia,* Mailand/Casale Monferrato 1992.

JÜDISCH-CHRISTLICHE BEZIEHUNGEN

– *Ebraismo e cristianesimo: storia e teologia. Relazione al colloquio internazionale dell'International Council of Christians and Jews,* 9.7.1984, in: *Città senza mura,* Bologna 1984.
– *Le vie del dialogo,* aus: *Cristianesimo ed ebraismo,* veröffentlicht in: *Explorations,* Zeitschrift des *Princeton Theological Seminary,* 5/1987, sowie in: *Interiorità e futuro,* Bologna 1988.
– *Il cammino che ci attende* (zum 25. Jahrestag von *Nostra Aetate),* 6.10.1990, in: *Comunicare nella chiesa e nella società,* Bologna 1991.
– *Il popolo, l'esilio, il cammino.* Relazione al meeting di Rimini, 20.8.1994, in: *Guardando al futuro* (a.a.O.).
– *La strada dell'incontro fraterno con Israele passa per Auschwitz* (Grußwort an den Studienkongress *Educare dopo Auschwitz),* 24.11.1994, in: *Guardando al futuro* (a.a.O.).

FRIEDEN AUF DEN MAUERN DER HEILIGEN STADT

– *Un grido di intercessione* (Homilie bei einer Gebetsvigil),
29.1.1991, in: *Cammini di libertà*, Bologna 1992.
– *Il pianto di Gesù sulla città. Meditazione alle scuole per la formazione
all'impegno sociale e politico*, 4.6.1988, in: *Etica, politica, conversione*,
Bologna 1989.
– *La leadership religiosa nella società secolare. Relazione alla conferenza
internazionale*, 1.2.1994, in: *Guardando al futuro* (a.a.O.).
– *Speranza di camminare insieme verso la pienezza della pace* (Homilie
bei einer ökumenischen Vigil), 21.5.1994, in: *Guardando al futuro*,
(a.a.O.).
– *La fede di fronte al mondo d'oggi* (Auszüge aus einem Interview
vom 24.10.1995), in: *Ripartire da Dio* (a.a.O.).
– *Lavorare insieme per la giustizia e la pace. Relazione all'International
Council of Christians and Jews*, 18.1.1999, in: *Coraggio, non temete!*,
Mailand 2000.
– *Preghiera per la pace* (Gastbeitrag für den *Eco di Bergamo*,
17.10.1996), in: *Parlare al cuore*, Bologna/Mailand 1997.

Carlo M. Martini im Verlag Neue Stadt

Damiano Modena, CARLO M. MARTINI –
WENN DAS WORT VERSTUMMT
160 S., geb., ISBN 978-3-7346-1001-1
Gezeichnet von seiner Parkinson-Erkrankung
hat Carlo M. Martini umso mehr „gesprochen":
durch seine Aufmerksamkeit und Aufrichtigkeit,
selbst in Momenten, in denen auch Gott zu ver-
stummen schien. Sein langjähriger Sekretär do-
kumentiert einen nachhaltig beeindruckenden
Abschied.

Carlo M. Martini
DIE FLÜGEL DER FREIHEIT. Meditationen zum
Römerbrief
144 S., geb., ISBN 978-3-7346-1248-0
Die letzten Exerzitien, die Carlo M. Martini hat
geben können.

Aus dem Programm des Verlags Neue Stadt

Rosemarie Egger (Hg.)
DAS SCHWEIGEN DER GUTEN
Bonhoeffers Weckruf. Ein Lesebuch
192 Seiten, kt., ISBN 978-3-7346-1342-5

Bonhoeffer schrieb 1942/43, wir könnten uns nicht zurückziehen ins Private. Nachdenkenswertes von Andreas Batlogg SJ, Martin Lintner, Rudolf Walter, Anselm Grün, Eugen Drewermann, Gotthard Fuchs u. v. a. m.
»Das Buch der Stunde!« (Tiroler Sonntag)

Ermes Ronchi
DIE NACKTEN FRAGEN DES EVANGELIUMS
192 Seiten, gebunden, ISBN 978-3-7346-1112-4

Jesus liebte die Fragen. Sie können wichtiger sein als Antworten. Sie sind brisant und befreiend, für den Einzelnen wie für die Kirche. Ein Bestseller, der Horizonte öffnet, voller »Anstöße, wieder uns selbst zu finden« (Papst Franziskus).

Annette Schleinzer
MADELEINE DELBRÊL –
PROPHETIN FÜR EINE ERNEUERTE KIRCHE
Impulse für Realisten
248 Seiten, gebunden, ISBN 978-3-7346-1329-6

Für alle, die sich Gedanken machen, wie es mit dem Glauben und der Kirche weitergeht: eine Quelle der Inspiration in Zeiten des Umbruchs – weil strukturelle Veränderungen allein nicht genügen.

neuestadt.com